もう諦めた
でも
辞めない

マシンガンズ

日経BP

はじめに

西堀　この本を手に取っていただきありがとうございます。こうしてコンビで本を出すのは久しぶりで。

滝沢　2011年以来だよ。

西堀　最初は「何の本を出すんだろう？」と自分たちでも首を傾げていたけど（笑）、進めていくうちになんとなく方向づけられてきましたね。

滝沢　1998年に芸人としてコンビを結成して、08年頃のショートネタブームでプチブレイクして以降、約15年間くすぶり続けてきました。それが、結成16年以上の漫才師を対象とする賞レース『THE SECOND～漫才トーナメント～』が23年から始まって、僕らは準優勝という結果で、〝セカンドチャンス〟を手にすることができまして。

西堀　その潜伏期間中の努力や葛藤を明かして、「働くみなさんの勇気や活力になるビジネス書を」的な趣旨から始まったんだけど…ちょっとそうはならなかったな（笑）。

滝沢　でも、約26年の芸人人生を順を追って振り返ってみたら、それなりに見えてきたものがあって、売れなくてもとにかく「辞めない」ことは、大きな選択肢の1つになるという結論が出ました。どんな形であってもね。

西堀 やっぱり努力が足りなかったなって気付きもあったよ。ははははは！

滝沢 僕は二足のわらじでゴミ清掃員になったときに、どこかで芸人を諦めた部分があったんです。でも、ただただ辞めなかった。フラフラしてたら、素敵な出会いが勝手に向こうからやってきて、こうして本も出せたし、意外と間違っていなかったのかもしれない。

西堀 あと、人間うまくできてるなと思ったのは、嫌なことは忘れてる。負の財産を持ち越してこなかったなって。傷ついても、それを抱えていられるのはせいぜい1年。西堀の場合は、1個入ったら1個捨ててる感じ。

滝沢 生きるコツというか。

西堀 底辺にいても、いつも死ぬほど困ってはいないんだよね。みんな苦しかったら、這い上がろうとするじゃない？ でも「這い上がろう」なんて気はないんです。このお笑い界、「楽しい」はあるから。

滝沢 言い換えれば、「楽しい」以外はあまりないですね。うん。

西堀　楽しい。仲間はいる。時間はある。昼まで寝てていい。…金と名誉以外は全て手に入れているかもしれない（笑）。

滝沢　僕らは『ＴＨＥ　ＳＥＣＯＮＤ』で、日の当たる場所に引き上げてもらいましたけど、戦ったのは15年前のネタで、披露する場所が変わっただけなんですよね。立派な木があったとして、そこが公園だったら、よく見るただのデカい木じゃないですか。だけど、もし神社に植えられていたとしたら、ご神木なんですよ。中身は変わらなくても、価値を認めてもらえる場所っていうのはあるんだなと。

西堀　偶然なんだけどね。

滝沢　そう。突然追い風が吹いてきて再浮上できたけど、もし辞めていたらどうなっていたんだろう。ＳＮＳ界隈で活路を見つけようとしていそうだけど、それもたぶん当たっていないんだろうな（笑）。

西堀　そんな僕らのこれまでの歩みを、この本ではみじめな部分も含めて明かしています。今働いていて、先が見えずに「どうしよう」と思っている人に、我々みたいな存在もいると知ってもらえたら、力になるんじゃないですか。

滝沢　僕らと同世代の人に共感してもらえたらうれしいけど、若い人たちにはどうだろう。

西堀　でも、楽になるんじゃない？　ちょっと年上の、下に見られる存在として、「こんな人もいるんだ」って。

滝沢　できないことはやらないとか、無理をしないとか。それなりにメッセージにはなりそうだけどね。

西堀　世の中にはビジネス書や自己啓発本がたくさんありますが、そこに一石を投じる人間らしい本にはなったと思います。スペックや数字で見ると、全てのことで僕らより上で、何でも持っているのに、悩んでいる人もいるわけですよね。みんな大変だなと思うけど、こんな生き方もあるんだと、気軽に読んでいただければうれしいです。

２０２４年11月　マシンガンズ

もう諦めた でも 辞めない

CONTENTS

第1章

マシンガンズの歩み

2人の出会いと結成、ショートネタブームでのブレイク、
そして長い低迷から『THE SECOND』での復活へ——
26年にわたる激動の芸人人生を2人が振り返る

――マシンガンズを結成した経緯は？

西堀　僕は高校卒業後に札幌で大工をしていたんですが、お笑いをやりたくて、北海道から東京に出てきました。当時は、今みたいに「自由に生きていい」という風潮はなかったから、誰も誘わずに1人で。コンビでやりたいと思っていたけど、SNSもなかったし、普通に暮らしてたら相棒になんてなかなか出会えない。それでお笑い学校に入ろうと思ったんですが、吉本興業やプロダクション人力舎はお金が高すぎて。そこで見つけたのが、カルチャーセンターです。ドライフラワー講座とか、フラメンコ教室みたいななかに、ユーモア講座っていうのがあって、試しで入ってみたんですけど。

滝沢　3カ月で1万5000円くらいで、安かったんです。僕は大学生だったから、1日7000円くらいの冷凍工場のバイトで受講料を貯めて。吉本や人力舎は60万円くらいだったから、自分の金だけだとなかなか難しい。親にも言えなかったから、「ここだったら行けるかも」と思って。

西堀　そこで滝沢と出会うわけですけど、周りは部下とコミュニケーションを取りたい中年のサラリーマンとか、おばちゃんばかり。今だったらおじさんとの年の差コンビとかも「面白い」となるかもしれないけど、当時はそんな発想はないですよ。だからもう、滝沢しかいなかったんですよね。間違って入って、最初からつまずいてるというか…いきなりちゃんとしてない（笑）。

滝沢 僕は大学生の時にコンビを組んでいたけれども、相手は本気ではなくて。それから1人でやっていたこともあったんですけど、子どもの頃はビートたけしさんに憧れていたし、もともと爆笑問題さんが好きだったりもして、漫才をやりたかったんですよね。それで、相方を探していたっていう感じ。最初は劇団に入ったんです、2人で。5回ぐらい公演をやったんじゃないかな。

西堀 あー、やったかもしんない。そのカルチャーセンターに作家志望の男の子がいて、確かその子が「劇団をやろう」って言ったんですよ。コント的な、お芝居みたいなのをやっていて、つまんないジョビジョバみたいになってた。

滝沢 やりたいことじゃなかったから、「辞めようよ」って俺が言って、2人で抜けたんです。出会ってから2年くらい。

西堀 今でも「なんであんなことしたんだろう」って。後悔の2年間かもしれないです。なんのためにもなってないっていう（笑）。

滝沢　それで、1998年からフリーでライブに出始めるんだよね。

西堀　結局そこがデビューになって。

初舞台での成功体験、全てはそこから始まった

――漫才師としてはどんなスタートを？

滝沢　僕はカルチャーセンターに入る前からネタは作っていたけど、芸人になるために、どこに何を持ってけばいいかを知らなくて。それで、『De☆View』とかのオーディション雑誌を見て、世の中には「お笑いライブ」というものがあると知ったのかな。それから、爆笑さんのライブとかを見に行くようになって、ライブに出るためには「ネタ見せ」というのがあるのかとか、手順の踏み方をちょっとずつ手探りで知っていきました。それこそ、吉本は知っていても、人力舎は『De☆View』を読むまで知らなかったですからね。「そんな事務所があるんだ」みたいな。

西堀　お金はかかるけど、ちゃんとした養成所に入ったら最初から道筋を教えてくれるから、

メリットは大きかったはずですね。
滝沢 それで劇団を辞めて、ライブに出るところからスタートして。
西堀 なんだっけな。生まれて初めてのお笑いの舞台は、「お笑い賞金族」っていうライブに出たんです。
滝沢 めっちゃウケた。
西堀 全てのことはそこから始まって。その成功体験は相当大きかったですね。今はなき、渋谷の「シアターD」っていう小屋で。昨年の『THE SECOND〜漫才トーナメント〜』と全く同じ状況なんですよ。1回目ウケて、2回目ウケて、3本目に「ネタがない」。25年、成長してないっていう（笑）。でもそれがすっごいウケた。今でも思い出しちゃいますね。
滝沢 ネタ見せして出たんだよね。
西堀 そう。お笑いってよく分かんない人がいっぱいいて、「この人、何の仕事してるんだろう」っていう主催者もいたんですよ。それで、そいつがダメ出ししてくる。今思うと謎だけど、カニを売ってたんですよ。カニ。
滝沢 所属してるヤツがカニを売らされてて、ノルマみたいに。

西堀　その時、初めてオーディションに行って、僕らが座ってるすぐ横にいたのが、じゅんいちダビッドソン。その頃からじゅんいちもキャリアをスタートしてるから、本当の同期なんです。それで、じゅんいちが当時組んでいたのが、今のサンドウィッチマンのマネジャーの林(信亨)君。ちなみに林君はその後、ふとっちょ☆カウボーイとなごみ堂!っていうトリオになって、一緒に太田プロダクションのオーディションを受けていて。「漫才師が少ない」っていう理由で、マシンガンズを取ってくれたんですけど、「インスタントジョンソンがいるから」と、なごみ堂!は見送りになった。昔、接点があった芸人は結構いるんですよ。

様々な事務所のオーディションを受けた後、太田プロへ

滝沢　ケイダッシュステージも受けたね。オードリーと、U字工事と、マシンガンズが行って、採用されたのはオードリー。今考えたら、全部取ってもらってもよかったくらいじゃない?と後からみんなに言われました。

西堀　ケイダッシュは、先見の明がありましたよね。この3組で、当時はオードリーがテレビに出るのが遅かったんです。U字工事が出て、マシンガンズもネタブームにちょっと乗って、

オードリーはその後なんですよ。その当時、オードリーも事務所から言われたって言ってました。「取るのを間違えた」って。

滝沢 もともとはタイタンに入りたかったんです。2カ月に1回のタイタンライブに出させてもらっていて、「事務所に入らないと活動が難しいから入れてくれ」って言ったんだけど、ウエストランドもいない頃で、若手を取っていなかったんですよね。それでどうしようかって、無名の事務所に片足を突っ込んだり。お笑い部門が強くなくて、自社ライブもなかったから、1回みんなで頼み込んでやったら、「大赤字だ」ってマネジャーにぶち切られた。ネタ見せも、半分素人みたいなその人が担当だったりしたから、宣材写真を撮る段階になった時に、「いい加減辞めようか」って言って。宣材撮っちゃったら辞められなくなると思って、西堀に言ったんですよ。どっちかと言えば、西堀は劇団もその事務所も、「もうちょっといてもいいよ」みたいな感じだった。

西堀 その頃、あまりシリアスに考えていないんですよ（笑）。

滝沢 ナベプロ（ワタナベエンターテインメント）とか、今度はデカいところに行ってみようっていう話になって、アミューズとかも受けました。でも結局、お笑いのルートがないと難しいからということで。1番ネタ見せのタイミングが早かったのが太田プロだったんです。

西堀　別にどこに行きたいって、そんなにあったわけじゃないし、業界のパワーバランスも知らないし。なんとなくタイミングとか、運の要素も強いんじゃないですかね。

――太田プロも、最初は「養成所に来るように」と言われたのをずっと無視していたと。

西堀　そうです。滝沢が申し込んだんだよな。

滝沢　そうそう。そうしたら「学校に入れ」って。西堀に言ったら、やっぱり「金がない」ってことで、「じゃあもう1回送ってみようか」と。で、無視されて、3回目に出した時に、「1回呼ぶか」みたいな感じになって、ネタ見せに行くようになったんです。ネタをやって、「じゃあ次回はここを直して、また来てみな」って、そこから通うようになりました。要は、事務所ライブに出るためのオーディションなんですけど。

西堀　太田プロには03年頃に所属したけど、明確な線引きはなかったんですよ。事務所のプロフィールに写真が載り出して、働いてギャラが入った時に、「太田プロの人間になったんだな」と思ったくらいで。

滝沢　事務所の所属にはなったけど、そこからしばらくは、なかなかウケなかったです。フリーの時、最初にドカンとウケたんですが、同じことができないというか。これが、全然ウケなかったら辞めているんですけど、3回に1回くらいはウケるんですよ。でも、それを再現できないっていう。日による、客による、みたいな感じで。

西堀 芸人としての手応えなんかなかったです。ウケてないですからね。

滝沢 やっぱウケてないと面白くないですよ。

西堀 面白くない。

第1次ブレイク期

――売れるまでにはどれくらい掛かりましたか?

滝沢 僕らなんか、周りに比べたら1番遅かったです。テレビでネタをやるっていうのも9年目までなかったですし。それが、『爆笑レッドカーペット』の深夜版の『爆笑ピンクカーペット』っていう番組(07年6月の第2回に出演)。初めてテレビで1分間のネタをやって。そこに至るまで、結構時間が掛かりましたね。

西堀　その少し前から、ダブルツッコミにしたんだよね。

滝沢　そう、『ピンクカーペット』はそれで受かった。事務所のライブを見に来たスタッフさんが、オーディションに呼んでくれて。柳原可奈子が、特番時代の『爆笑レッドカーペット』で、初代レッドカーペット賞を取ったんですよ（07年2月）。柳原はそれで大ブレイク。事務所の電話が鳴り止まない、みたいな。その後になります。

西堀　ダブルツッコミは、いまだにやってますからね。

滝沢　最初の5年間くらいは、僕がボケてたのかな。ウケないから、じゃあ代わろうってなって、西堀がボケるようになったんです。それが4年間ぐらいで、やっぱりウケない。じゃあ、もう（芸人を）辞めようかっていうことで。前から、この形はどうかって言ってたのが、ダブルツッコミの形なんですよ。お客さんの悪口を言ったりとか、「お笑いファンって気持ち悪いよな」みたいなネタ。それでウケなかったら辞めようと思ったんですけど、意外ともう、最初の成功体験の時ぐらいウケたんです。じゃあ、もうちょいやろうかって。僕はたけしさんが好きだったんで、文句を言ったり、毒づくのがどっかで好きなんでしょうね。それで、そんな方向性にすればいいんじゃないかなと。

西堀 あれ、『レッドカーペット』演出の藪木（健太郎）さんのアドバイスで完成したんだよね。藪木さんが原型を作ってくれたっていうイメージ。

滝沢 形としてはそうだね。僕は「ダブルツッコミをやろう」って言ってたんだけど、西堀は「どうも違う気がする」って。それで、藪木さんのところに行ったら、「2人で合わせたほうがいいよ、そのほうが分かりやすい」って言われたの。その中で1カ所、2人で一緒に手を挙げているところがあって、「それ、全部やったほうがいいよ」って。

ダブルツッコミにして活路が開けた

西堀 そうか。だから、07年からやっと動き始めてるって感じですよね。07年の12月に、初めて『M-1』の準決勝にも行ってます。

滝沢 ダブルツッコミをやり始めたのが06年の終わり頃。それがウケ出したんだけど、半年間ぐらいは何の仕事もなかったです。月1開催の太田プロライブで6カ月間連続1位になって。その当時、そんな記録はまれで、僕らも気分が良かったんですよ。でも、仕事は入ってこないから、しばらく「何なんだこれは」っていう感じはあったけど。事務所的にも、最初は「ただグチを言ってるようにしか聞こえないからやめろ」みたいなこと言われたんだけど、ウケるようになったら、手の平を返したように（笑）。まあ、そういうことはありますよね。結果的には、事務所ライブから『ピンクカーペット』のオーディションにつながった感じです。

西堀　俺、意外と焦っていた記憶がないんだよな。初めて「ウケてる」っていう状態だったんで、全体的に気持ちが上がってた気がする。うれしいっていうか、考えた通りにウケる状況が特別というかね。今までは、10個ツッコむ部分があったら、何個か当たればいいなっていう、「当たるかもな」でやっていたものが、手を挙げるとみんなが笑うっていう、圧倒的なこの体験にちょっと感動した気もしますよね、その時。

テレビ出演が増えて、芸人として右肩上がりの実感も

――10年くらいたってネタとウケがかみ合い、状況が上向き始めたんですね。

滝沢　9年目の07年と、10年目の08年には、『M-1』で準決勝まで進めて。もう1年あれば、決勝に行けたんじゃないかとかね。

西堀　そう言ってくれる人もいたしね。手応え的にも、あと少しで届きそうって。敗者復活戦

でも他のコンビと違う色を出せたし、行けるんじゃないかなっていう感じはしていたんですよ。

滝沢 テレビの仕事がだんだん入ってきて、『レッドカーペット』とか、『エンタの神様』に出始めたのも、この時期だと思います。当時は『M-1』の準決勝に進むだけで、仕事が入ってきたんですよ。来年は決勝に行くかもしれない、みたいな期待から。

西堀 『エンタの味方!』(08年4月~09年3月)も、確か『M-1』の決勝進出があり得るなって人を選んでいて、共演メンバーは三拍子と髭男爵でした。この頃は、自分たち的にも「ひょっとしたら、売れるかも」と思ってましたね。グラフで言うと、右肩上がりの時期ですよね。低いながらも、実感があって。09年3月からレギュラーで出演した『おもいッきりDON!』が、若手芸人の登竜門みたいな感じで、若手がパーソナリティーをやることが多いFM FUJIでもラジオが始まって(『NEVERMIND!!』09年~11年)、このあたりはまあ、胸張って「芸人です」って言える時期じゃないですか。充実してたし、楽しかったけど、「もっと、もっと」とは思ってたよね。

滝沢 ただ、ネタ番組しか出てなかったんだよな。なんで『踊る!さんま御殿!!』とかには呼ばれないんだろうなって。

西堀　この頃になると、少しは焦ってたかもしれない。時間的にはバタバタはしてるんだけど…って感じですね。レギュラーもあるし、いろんなことをやって、ある程度お金も稼げるようになったけど、もうちょっとこう、「出られないもんかね」という感じですね、たぶんこの時期は。単純に、ネタをやる番組自体が多かったです。フジテレビの『レッドカーペット』や、日本テレビの『エンタの神様』のほか、ＴＢＳでは『ザ・イロモネア』があったし。似た番組がいっぱいあって、同じようなメンバーで、ずっとネタ番組をぐるぐる回っている感じなんですよね。ショートネタブームだったから、営業でもやりましたよ。パチンコメーカーさんが「レッドカーペットをやりたい」ということで、太田プロから4～5組行って。社員向けのイベントで、会長に「中笑い」を出されたり（笑）。

ネタブームの〝その先〟になかなか行けず…

滝沢　もっとトークバラエティとかやってみたかったけど。一般的に「売れている」芸人さんっているじゃないですか。そういうふうになりたいと思ってました。

西堀　ダウンタウンさんみたいな、王道を目指して始めていますから。ネタブームが来て良かった面もあるけど、なかなかその先に…って感じですよね。たぶん『ボキャブラ天国』（92年〜99年）のほうが、もっとギュッとしたメンバーでやっていたから、芸人の総数は少ないと思うんです。だから、フィーチャーの度合いが全然違うというか。同じお笑いブームでも、ボキャブラ世代の方たちは、忙しさのケタも違ったんじゃないかな。僕らももっと出たかったですね。ちょっとこのあたり、よく覚えていないんだけど。

滝沢　活動の頂点は、「レッドカーペット賞」を取った時かな（08年10月）。

西堀　収入もその辺が1番良かったかも。

滝沢　たぶんそう。ダブルツッコミにする前は、『爆笑オンエアバトル』も落ちまくってたよね。でも最終的には、チャンピオン大会にも行ってるんじゃないかな（第12回チャンピオン大会、09年4月）。

西堀　やっぱりお笑いの反応って、認知によって全然違うんだなって実感しましたよね。『レッドカーペット』に出始めたりすると、『オンバト』でも投票のボールが転がってくるんですよ。それまで200いくつだったものが、勝手に500オーバーになって。すげぇ変わったなと思った。

滝沢　『オンバト』のチャンピオン大会に出た記憶がないくらいなんだけど、この頃は自分が何をやってるか分かってなかったかも。いろんな番組でネタばかりやるから。番組収録が1つ終わったら、次のネタを考えて…の繰り返し。1分のショートネタだから消費が激しいんですよ。5分のネタがあったとして、じゃあそこから1分を取り出そうっていっても、なかなか単純にはできないし。

西堀　当時は、時間配分も決まってたよな。3ツッコミで1分だっけ。

滝沢　えーとね、2、2だよ。合わせて4。

西堀　もう、システマティック。2、2で1分、4回手を挙げれば終わりみたいな（笑）。

滝沢　めっちゃ緊張するんですよ。1分間で全部が終わるから、1回も間違えられないので。

西堀　ドツボにハマる人もいたよね。緊張でネタが飛んじゃって、9回くらい出て、引っ込んでを繰り返して、やっとできたっていうコンビもいて。ああいうのを見ると、トラウマになってくるんですよ。今だったら「別に間違ったっていいじゃん」と思うけど、当時はやっぱりそんなふうには思えないですよね。

滝沢　U字工事が「ネタ飛ばしました」って、真っ青な顔で帰ってきたこともあったな。

西堀 今40代半ばくらいの芸人は、みんな大体30代。そう考えたら、当時のメンバーって結構辞めずにやってますね。小さいながらも成功体験って、1度経験すると一生引きずっちゃう。ウケないから辞めるって、納得のいく理由じゃないですか。ウケたことがあるっていうのは、その後の腐りの始まりというか、ある意味、十字架でもありますよね。お笑いをやって、ウケて、金をもらうってことを1度でも知ってしまうと、まともに働けなくなるという。もともとそういう人の集まりなんですけど、それは後の人生に関わってきますよね。

くすぶり期

――『レッドカーペット』は2010年8月でレギュラー放送が終了。ショートネタブームも下降気味になってきますが。

滝沢 10年の終わり頃から僕らもちょっと、陰りは見えてくるんですよ。『おもいッきりDON!』の後、『おもいッきりPON!』(09年10月~)、『PON!』(10年3月~)になるんだけど、Wエンジンが戦友というか、一緒に水曜を担当していて。『PON!』は結局、Wエンジンは残ったけど、僕らは11年の3月に卒業になっちゃった。2組でコーナーをやっていたんだけど、なんとか跳ねたいから、生放送終わりに喫茶店でコーヒー飲みながら会議もしましたよ。「来週どうする?」って。

西堀 ウケなかったなぁ。

滝沢 全然ウケなかった。

西堀 毎週水曜の朝、スベってるんですよね。

ネタブームの終了とともに、2011年頃から下火に

滝沢 自分ら的には、毎週決められたことをやっているんだけど、面白くはない。それでいいんでしょうけど、面白くないものを「面白くする」っていう技術がまだなかったんで。言われたことを、ただやっていた感じだったかもしれないです。そうこうしているうちに、文化放送の『夕やけ寺ちゃん 活動中』(10年10月~13年3月)で、ラジオのレポーターの仕事が始まったんですよ。水曜の『PON!』終わりで代々木の喫茶店に行っていた気がするな。ラジオは木曜のレギュラーだったもんね。

西堀 そう。水曜の朝にスベって、その後。何か時事ネタとか課題があって、作ってたのかな。

滝沢 その頃はもう、結構ヤバイんですよ。『夕やけ寺ちゃん』しかない時もあったんじゃないかな。それくらいしかない。覚えているのが、『女はみんな同じ教科書を読んでいる。』（幻冬社、11年2月）という本を出した時に、同じ太田プロの神宮寺しし丸と新宿で朝まで飲んでいて、「次に出す本で当たらなかったら終わりだな」って言った記憶があるんですよ。だから、この本に懸けていたわけです。というか、もうないんですよ、金が。この頃にはなくなってる。同時に、アルバイトを探し始めたんじゃないかな。もう僕らも下火で、12年頃は「なんで俺らに来たんだ?」っていう仕事もやったね。

西堀 地方局とか、ケーブルテレビとか。1番覚えてるのが、アルコ&ピースと一緒にやっていた番組があって、それが打ち切りになったんですよ。それを演出家の人が、地下のめっちゃ臭い、ゴミの集積所みたいなところで発表したんです。「なんでゴミ置き場なの? 〝オマエら、ゴミみたいなもんだ〟っていう皮肉かな」って、帰りの新幹線で笑いながら話したけど。

滝沢 それで、なぜか制作同士がケンカしてるの。

西堀 もう朝、睨み合ってるんだよ。片方が「迎えに行け」って言ったら、片方は意地悪で迎えに行かない、みたいな感じ。だから俺らは朝、駅に着いても、ボーっと立ってるんだよな。誰も迎えに来ないから（笑）。

滝沢　わけ分かんなかった。

西堀　新幹線に乗らなきゃいけないのに、指定席のチケットを取ってくれていなくて、立って東京まで帰ってきたよね。

滝沢　ちょこっとだけビール買ってくれてさ。

西堀　5分で「ビール買え」って言って、みんなにビール持たせて。アルコ&ピースとバーッと乗ったら、もう座るところがなくて、デッキで。僕らも若くて元気だったから、ちょっと青春な感じもしたかも（笑）。

むちゃくちゃな番組&企画を経験

滝沢　番組の内容もすごかった。アイドルの女の子同士がケンカしだしたりとかね。

西堀　ラーメンの早食い対決で、1人の子が番組のことを考えて、早く勝てるように自分の丼から相手の子のほうに自分の麺を入れたの。そしたら、麺を入れられた女の子がブチ切れて、その子をビンタしたんだよ。そのビンタしたほうが泣いて、トイレに立てこもっちゃった。もうね、見たことないよ、あんな番組。

滝沢 すごかったな、あれ。ノーカットのほうが絶対面白かったと思う。

西堀 この番組はいろいろすごかった。フットサルの対決をしていたら、「サッカーやってた」とかいうスタッフの人が勝手に入ってきたり。

滝沢 最終日に告白されたよ、俺。アイドルに。

西堀 えっ? 知らなかった。

滝沢 なんか来たんだよ。でもまぁ、未成年だったから。

西堀 そういえば、アイドルの子が年齢詐称してて飛んだんだよな。

滝沢 あった。家出少女みたいなの。

西堀 親が捜索願い出してるって、青い顔してね。ずっとこんな感じ(笑)。その時のディレクターの人、今はパンクバンドのマネジャーになってるらしいです。いろいろとネタが尽きない番組でしたね。体を張るような企画で、女の子が跳び箱を飛んだりするじゃないですか。スタッフがちゃんとシミュレーションしていないから、エビぞりを通り越してしゃちほこみたいな角度で宙に浮いていたりして、大丈夫かなと思って見てた。

シャッター商店街で街ブラ

滝沢　同じ時期に、街ブラの番組もやったよね。

西堀　あー、その番組も面白かった。よく商店街のロケってあるじゃないですか。でも、リサーチしてなかったんだろうね。本当に何もないんですよ。「店開いてるな」と思ったらプロパンガスの店で、アポも取っていないのに、そこに突撃しろって言うの。プロパンガスだから食えるわけじゃないし、他もライフラインに関する店しか開いてなくて、これは結構えぐいなと思った。シャッター商店街での街ブラなんて、やっぱり無理だよ。

滝沢　どう考えてもおかしかった。

西堀　真夏に風呂に入るロケを大御所芸人さんと3人でやっていて、喉乾いてるから「ちょっと飲んじゃおうか」なんて、喫茶店でビールを1杯頼んだんです。そしたら、ディレクターが「ヤメだ、ヤメだ！」って言い出して。「なんでビールを飲むんだ、消せ消せ」って全部カメラを止めさせて、そこからずっと大ゲンカ。「今日はエンディングなしだ」とも言い出して。まともじゃない。

滝沢 そんな番組ないよ、今まで。

西堀 大御所芸人さんも「そんなのおかしいじゃないか」って言い返してたけど、「今日はなしだ、もう帰る」って。そのディレクター、妖怪じゃないけど、いつも小さいヒョウタンみたいなネックレスしてて、いつか吸い込まれるんじゃないかってめっちゃ怖かった（笑）。その大御所芸人さんは、僕がその頃結婚したので、お祝いで焼肉に連れていってくれたりして。今思えば、これはこれで面白い経験にはなったのかな。

滝沢 当時はたまったもんじゃなかったけどね。プロパンガスの店に行った日、大雨だったんですよ。入ったはいいけど、そんなに聞くこともないでしょ。プロパンガスの話をいっぱい聞いて、できる限り引っ張りながら、「雨止まないかな」って（笑）。「どう使うんだよ、これ」って思ってた。むちゃくちゃでしたよ。

西堀 いい商店街は、もうさまぁ～ずさんとかが行ってるんだよな。キラキラ橘商店街とか、有名なところは他の番組が行ってるから、そこを避け出すともうなくて。

滝沢 振り返ってみると、12年は地獄の年だな。トンデモ番組の2本立てだよ。

西堀　だから、この頃はもう底なんです。

滝沢　改めて考えると、08年〜10年の3年間ぐらいしか食えてなかったんだな。意外と短い。5年間ぐらい食えてたと思ってたけど。

滝沢がゴミ収集会社に就職、コンビ仲が険悪だった時期も

——そんななか、滝沢さんは12年にゴミ収集会社に就職しました。

滝沢　『ピンクカーペット』と『レッドカーペット』の間ぐらいに結婚したんですけど（08年）、子どもができたので、稼がないといけないから。それで、目の前のお金はなんとかなった。ギリギリでしたけどね。週5〜6日とかでやってたんじゃないかな。本当に仕事がなかったけど、13年は番組で海外ロケに行きましたね。

西堀　インドネシアに2週間ぐらい。でも、この頃が滝沢と1番仲が悪い時で。コンビで海外ロケに行って、そこで共通の敵ができて、ちょっと仲が直った気がします。担当スタッフが嫌なヤツだったんだよな。

滝沢　1番嫌だった。もう本当にやりたくない、アイツとは。

西堀 自然なリアクションを引き出そうとしているんだろうけど、ずっとだらだらカメラを回してて。内容も過酷なんですよ。牛の脳みそを1つ食べるとか。それで、牛の脳みその生煮えみたいなのが出てきて、気持ち悪いなと思いながらも仕方ないから食べていたら、滝沢が横でずっと「ウェッ」ってえずいていて。俺がコメントするたび、「いや、食えないです、ウェッ」って。「じゃあ俺が食べるよ」って、結局全部食べたけど。滝沢は別のロケで、モツ煮込みもダメだったもんね。

滝沢 匂い系がダメなの。

西堀 イナゴの佃煮の時も「これうまいよ」って言ったら、滝沢が俺を見て「ウェッ」ってやってるの。どうやら、口からイナゴの足が出てたみたいで。何でもえずくんですよ。「おいしそうな店ですねぇ、オエ」なんてないでしょ（笑）。だから、この時も全然ダメだったこと覚えてる。

滝沢 その共通の敵になったスタッフ、意外と他の番組からも悪評聞いたよな。

西堀 まぁ、海外に行って、楽しそうにしてたら見どころが弱いから、きつくなっちゃうところもあると思うんですよ。臨場感を出すために。…にしても、やられたほうは忘れないよ。この時は結束しましたね。滝沢と険悪ムードな時期だったけど、ちょっと復活しました。サラリーマンの人が上司の悪口で盛り上がるの、分かりますよ。ロケの期間、ベッドまで行っておしゃべりしましたもん（笑）。

仕事がなく下り坂のなか、すでに貧乏に順応

滝沢　そういう嫌なヤツってごくたまにいるけど、大体、仕事全体が不穏な空気になる。エラそうなこと言って、約束していた額のギャラをくれなかったり。

西堀　「半分しか出せないんですが」って、撮った後にな。信用できないですよ。そういう人って、口止めなのか知らないけど「食事会に行きませんか」とか言ってきたりして。当然行かないけど。

滝沢　結局、この時2週間のロケに行ったのって、2週間のスケジュールがあるってことですからね。何も仕事がないの。

西堀　360。（サブロク）モンキーズも同じオーディション受けてたね。

滝沢　スケジュールがあるヤツを出しますからね。うん。

西堀　下り坂真っ只中。食えてないんだけど、でも、そんなにハードにバイトした思い出がないんだよね。「ヤバい、ヤバい」と言いながら、すでに貧乏に順応してたんだな。ま、昨年の5月まで金はなかったわけだからね。だから、この頃は貧乏ほやほや。そんななか、12年と14年の『THE MANZAI』では、認定漫才師50組（本選サーキット＝準決勝に出場できる）に選ばれたんだよ。それでちょっとモチベーションが上がった記憶がある。

滝沢　それで、14年の大会は結構懸けてたんじゃないかな。

西堀　懸けてた。周りの芸人にも「決勝大会に行ける」って言われてた。

滝沢　うん、そうそう。

西堀　でもなんかね、また直前で変えてるんだよ。「決勝に行く」って言われた時にすごくウケたネタが、なかなか再現できなくて。「もう1回」ができなかった。『THE SECOND』でやったネタと似ていたと思う。ポイントポイントで、今も繰り返している要素が紛れ込んでる（笑）。

滝沢　本選サーキットって、2回ネタをやるんだよね。それで、1回目がドスベりに近い感じだったんだよ。2回目は悪くなかったんだけど。1回目がスベりすぎてダメだったね。

西堀　我々、定期的に無駄なチョイスミスっていうのをやってしまうんですよ（笑）。「なんでここでこんなことをした?」って、当時の自分でも分かっていないと思う。

滝沢は小説家デビュー、西堀はドラマにレギュラー出演

――14年頃からは、執筆業や演技など、お笑い以外の仕事も積極的に。

滝沢　僕は『かごめかごめ』（双葉社）というホラー作品で、小説家デビューしました（14年3月）。本当に仕事がなくて、もうゴミ清掃しかやってなかったんですよ。11年に出した『女はみんな同じ教科書を読んでいる。』も書いているし、書くことはもとから好き。それで、事務所の人に「脚本書いてみなよ」って言われたんだけど、脚本はちょっと分からないなって。ちょうどエブリスタのWeb小説が盛り上がっている頃で、「じゃあ、ケータイ小説やってみたら?」ということで。それが「E★エブリスタ 電子書籍大賞」の双葉社賞に選ばれたんです。芸人として第一線で活躍していて、小説も大ヒットになった劇団ひとりさんは別格として、当時は「それよりもネタをやれ」って叩かれました。今でこそ、芸人もみんな小説を書く時代ですけど、批判が多かったです。ダチョウ倶楽部の上島（竜兵）さんに相談しましたもん。

「全然気にすることない」って励まされて。

西堀 『闇金ウシジマくん Season2』（14年）は初めてのドラマで、ゲスト出演の形で出てますね。

滝沢 僕もチンピラ役かなんかで出てる。

西堀 監督の山口（雅俊）さんがマシンガンズの漫才を見てくれて、稽古場で顔合わせみたいな感じになったんだっけ。それで、出してくれたんだと思います。

滝沢 西堀はその後もドラマの仕事が入って。

西堀 大野智君主演の『世界一難しい恋』に出演したのが16年。昨年の『コタツがない家』（23年）でもお世話になった、日本テレビプロデューサーの櫨山《はぜやま》（裕子）さんが、もともと『怪物くん』（10年）で、上島（竜兵）さんと交流があったんですよ。「お笑いの人って、お芝居はどうなのかな」みたいな感じで言っていたらしく、太田プロライブを見に来て、「今度やりたいドラマのある役（蛭間太陽役）に合ってるかも」って言って起用してくれたんです。この時はレギュラー出演だったから、印税もいただきました。今思うと、最終回の世帯視聴率が16%で、ヒット作なんですよ。だから「続編があったらいいね」って話はよくしてました。

滝沢　その頃、「俺（西堀）は俳優になるか」みたいなこと言ってたと思う。

西堀　そうかもしれない。もうお笑いの仕事はほとんどないし、どうせ食えねぇし、みたいな感じで。『セカムズ』に出してもらって、「もしかしたら、役者でもいけるのかな」なんて思い始めた時期。だから色気出して、16年は舞台もやってるの。割と肌にも合うしね（笑）。でもね、やっぱり舞台をやってみると、コスパの面では演劇もなかなか大変だって思った。例えば、マシンガンズで漫才をやって舞台に立てば、そのネタは残っていくんだよ。お金をもらえなかったとしても。でも芝居の場合は、他になかなかつながらない。下北沢の小さい箱でやっている芝居に、キャスティングをできるような人が見に来る可能性っていうのは、ほぼないに等しいですよ。同じ下北でも、本多劇場やザ・スズナリなら、出演者も名が知られていたりと、また事情は異なりますけど。まぁ、なかなか厳しいですよね、演劇もね。

滝沢　17年に池袋でやってた『オソルベきジンタイ実験』っていう演劇、俺見に行ったわ。上島さんもいて。新宿カウボーイのかねきよ（勝則）が急にモンスターになるの。大芝居だった。なんかでも、楽しそうにやってたよ。

西堀　意外とやってみないと分かんないんだよな。かねきよが最後、大芝居をして、めちゃめちゃスベってるシーンがあって（笑）。グラビアアイドルの青山ひかるちゃんとか、太田プロにいたエアギターの名倉（七海）ちゃんとかが出てて。何だったんだろう、あの舞台（笑）。他には、ドラマだと『母になる』（17年）とか、『27時間テレビ』内で放送された『源氏さん！物語』にも出た。でも、結局残っているのは『セカムズ』チームだけです。いろんなところで使ってもらえるほど、うまくはない（笑）。でも、漫才師でドラマに出る人ってあまりいなくて、やっぱりコントの人が多いんですよ。だから、よく使ってくれたなって思います。

顔を合わせるのは週1回程度でラジオだけ

――その頃、芸人としてのお仕事は。

滝沢　俺はもう全くなかったので、ずっとゴミ清掃をやってました。ラジオだけかな。14年にラジオ日本で2つ始まって、1つは『60TRY部（ろくまるトライぶ）』。『ネガ⇓ポジ』は一旦終わったけど、今はポッドキャストで配信してます。

西堀　2つとも8年続いたんだ。

滝沢　うん、すごいよ。まあ、金的にはあまりもらえないんでね。でも、ラジオをやっていなかったら、会うことがなかったです、西堀と。たぶん、14年の後半にはもう事務所ライブは卒業していたから、全然会う機会がない。ラジオのおかげで、1週間に1回ぐらいは顔を合わせていたんで。

西堀　でも、ただやってるって感じだった。

滝沢　反応とか反響がなくて。

西堀　こういう言い方すると悪いけど、何してんだろうと思う時もあった。やってる時は楽しいんですよ。なんでもそうだけど。でも、この頃、どうやっていこうとか、どこに行くのかなっていう時期で。この辺はまだ、滝沢のゴミ関連も仕事になっていないんじゃない？

滝沢　なってない。ただ単に、ゴミ清掃員として働いているだけ。

先は見えないが辞める決定打もない

西堀　だから、大変そうだなと思って見てましたよね。清掃員の仕事をやってからお笑いライブに来たり。

滝沢　子育てもあるからね。出産して終わりじゃないから。

西堀 何かを言える雰囲気でもなかったね。「芸人としてどうするんだ」という、決定的なものを避けようとしてる感じ。ここで、ラジオもなくて会わなくなれば、辞めるとかの選択肢も出てくるんだけど、なんとなく続けさせてくれるような要素が、良くも悪くも続いてるんだよ。

滝沢 ちょろちょろ入ってるんだよな、一応ね。

西堀 辞めさせないような何かが（笑）。

滝沢 西堀の俳優業もそうだし。またちょっと分からない展開が、17年の秋から『スマートフォンデュ』っていう、秋元康さんプロデュースの番組のレギュラーになるんですよ。後輩たちがみんなオーディションに行っていて。

西堀 もともとは、テレビに3回以上出たことがない人って縛りだったんだよ。「未来のとんねるずを作ろう」っていう裏テーマがあって。だから手垢のついた人じゃなくて、半分素人でいいから、ほとんどテレビに出たことがない若手を集めてやろうっていうことで。

滝沢 そうそう。俺らは関係ないと思ってた。それで、最終選考に近いあたりで、秋元さんが太田プロライブに来たんだよ。

西堀 それで俺たちを入れたもんだから、後輩はもう「ふざけんな、バカ野郎」ですよ。3回未満の人と比べたら、我々は場数が違うから。結局、タイムマシーン3号がMCで、アシスタントの中井りかちゃんとかと一緒にやる形で。最初はロケとかもしてたけど、番組の形はどんどん変わっていったな。

滝沢 『オールナイトフジ』的な番組の雰囲気があって、女子大生の〝フォンデュガール〟とかがいてね。でも、1回もしゃべらなかった。接点がなかったから。

西堀 スマートフォンを活用して、番組をバズらせようっていうコンセプトで。だから、もし失敗したりしても「バズればいい」みたいな。あとは「張り切るな」って言われてた。

滝沢 ゆるくやってくれってね。声を荒らげるなって。

滝沢のゴミ関連書籍がスマッシュヒット

――18年になると、滝沢さんの著書『このゴミは収集できません』（白夜書房、18年9月）が出版されて、また風向きが変わります。

滝沢 これは、初版だけ（印税が）入ってくればいいやと思ってたんだけど、意外とスマッシュヒットになったんです。その理由はよく分からない。マシンガンズの滝沢が今、ゴミの仕事をやってるっていうのが話題になって、冷やかしで買ってくれたのかもしれないですけど。本の内容が面白いかどうかなんて、すぐには分からないじゃないですか。でも、発売日のうちに売り切れになったんだよ。当時はSDGsもそこまで浸透していなかったし、僕も知らなかったくらい。劇団ひとりさんは「お前のやってることは革命だぞ」って言ってくれたけど、そんな自覚もなくて。本自体は、約1、2カ月で書いて、半年で製本してるから、1年前ぐらいからTwitter（現X）で〝ゴミ清掃あるある〟の投稿をやっていたはずです。本を出して、いろんな番組に呼ばれるようになったんだけど、有吉さんの番組では大スベりしました。

西堀 『有吉弘行のダレトク!?』で、普通にスベってた。理由もなく。

滝沢 ゲストに阿部サダヲさんがいて、僕のことをかわいそうな感じの目で見てたもん（笑）。真面目に話すだけじゃ不安で、面白くなるように芸人っぽい振る舞いをしちゃった。有吉さんには、「オマエのやるべきことはそういうことじゃない。ちゃんと落ち着いて話せ。ちょっとクスッとできればいいんだ。まずはまともにしゃべれるようになれ」って言われて。後でオンエア見たら、ほとんどナレーションベースになってました。そこから訓練じゃないけど意識を変えて、19年の春には初めて講演会をやって。最初は、自分でいろんなところに行って、人を紹介してもらいながら「何かやらせてください」みたいにお願いしていたけど、いくつかやったら、オファーが入ってくるようになったんだよ。講演会で使いたいから、パワーポイントも覚えました。

西堀　この頃は、ゴミ関連で滝沢が調子よかった。コンビではドラマに出てますね。『俺の話は長い』（19年）は櫨山さんのチームで、ドラマと連動する劇中ラジオ「マシンガンズのトーキングバズーカ！」もあったりして。NHKの『これは経費で落ちません！』（19年）は、『セカムズ』や『俺の話は長い』の監督の中島（悟）さんが呼んでくれたんです。他には、ヒロイン（竹内愛紗）のお父さん役でFODの『高嶺と花』にも出ました。この前の段階で役者は諦めてるけど、番手的に俺ぐらいだと、ひっきりなしにオファーがないと食っていくのは難しいよなって、改めて思ったね。もろもろ事務所に引かれたりすると、ボーナスなしのサラリーマンぐらいの月収なんですよ。「途切れない」というのは現実的に無理だから、そう考えると…とか余計なことを考えています。この時（笑）。

――だんだん明るさも見えつつ、20年はコロナ禍に入ります。

滝沢　久々に芸人らしいことができたのが、BSフジの『お笑い成人式』（20年3月）。今も続いていうんだけど、優勝したら1年間、BSフジの〝キャンペーンボーイ〟を務めるっていう漫才コンテストの特番で、初代優勝者になったんだよね。コロナ禍の最初の頃だから、無観客。無観客でお笑いライブなんて誰もやったことがないから、意外とみんな苦戦してた。俺たちはむしろ、こういう時にこそ対応できちゃう。

芸人としては緩やかに終わっていくだろうと

西堀　我々はねぇ、荒れた場が強いんですよ。目を背けたくなるような現場のほうが、力を発揮できたりして。これもまぁ、「取れたな」ぐらいだけど、うれしかったですよ。でも考えてみたら、『THE SECOND』の原型みたいなコンセプトなんだよ。お笑いの世界に入って20年以上っていう縛りの、ベテラン同士の大会なので。

滝沢　コロナで一旦、僕もゴミ関連の仕事がストップするんですよね。予定していた講演会が全部ダメになった。それでまた、普通にゴミ清掃員としてフル稼働していたんだけど、今度は〝コロナ禍での〟ゴミ清掃員の本音、みたいなことを発信したら、「あ、確かに」っていう反響があって。「ゴミはこういう出し方をしてください」っていうのを、奥さんにマンガで描いてもらったりしていたら、小池百合子都知事がリツイートしてくれて、ライブ配信での対談（20年5月）につながったという。これとは別に、当時環境大臣だった小泉進次郎さんからも「任命したい」と連絡が来て、「サステナビリティ広報大使」の第1号になりました。

西堀 もう本格的なSDGs的なもののアイコンになってる。自分は、櫨山さんチームのドラマ『#リモラブ～普通の恋は邪道～』（20年）があったのと、『発明学会主催 身近なヒント発明展』に応募した「靴ブラシハンガー」が優良賞に選ばれました（20年12月）。うれしかったけど、暇だからやったって感じなんだよね（笑）。21年12月には、YouTubeで「西堀ウォーカーチャンネル」を開設して。もう、することがないから。滝沢はゴミのほうで忙しくしているし、芸人としては「緩やかに終わっていくんだろうな」と思ってました。表立って「引退です」とは言わないけど、こうやって廃業していくのかなって、気持ち的には。あまり悲観的ではなかったけど、「来年はどんな仕事してんだろ?」とずっと思ってたよ。何か商売を始めてみようかなとか。

滝沢 昔から西堀は「キッチンカーのカレー屋をやろう」って。いつも楽屋でそんな話してた。

西堀 弁当は盛り付けなきゃいけないけど、カレーは注げば終わりだし。カレーだったらブーブー言うやついないでしょ、とか思って。カレー屋ばっかり考えてた。カレー全然好きじゃないけど。

セカンドチャンス期

――22年12月には、第1回となる『THE SECOND』のエントリーが始まります。

西堀　マネジャーの田中（祐士）が応募したんだよ。2人とも全然出る気がなくて。僕が副鼻腔炎の手術を予定していて、ちょうど入院する日が、3日しかない予選の1日にぶつかってたから、「今回は見送ろう」って言ったくらい。それで滝沢に「悪い、来年でいいか?」って聞いたら、「いいよ」って（笑）。でも、タイミングよく行けるぞってなっちゃって、入院の前日に予選に出たんです。僕は手術のことで頭がいっぱいだし、滝沢もゴミのことしか考えてない。茅場町《かやばちょう》の東京証券会館ホールだったんだけど、もうすごくリラックスした状態でできて。みんなやっぱり、緊張しているんです。キャリアが長いからこその部分もあって。我々は出ていって2分ぐらい適当にしゃべるわ、あることないこと言うわで、漫才の質が周りと全然違った。

滝沢　それで通過して、ベスト32に残れたんです。

2023年5月20日を境に人生が変わった

西堀　だから、田中がエントリーしたってことが最大のファインプレー。もし出ていなかったら、勝つことも負けることもなかったわけで。事務所の人間は、全員ビビってました。「15年前のネタをやってる」って。何も、1ミリも成長してないじゃないって（笑）。そもそも勝てると思ってないから、「開幕戦ノックアウトステージ32→16」でガクテンソクを倒した時に「大金星だ」と思いました。土田（晃之）さんに、次の「ノックアウトステージ16→8」ではランジャタイと対戦すると報告したら、「よく頑張ったよ」って言われましたから。さすがに今をときめくランジャタイには勝てないだろうって。そこでも勝って、グランプリファイナルへの出場が決まったんだけど、その時もまだピンと来てなかった。

滝沢　生放送されるっていうので、子どもがすごく喜んだんだよ。

西堀　滝沢の家では、子どもと友達がテレビの前でそろって見ているから、「よし、1回戦だけ勝とう」って言って、金属バットに勝った。役割は果たしたと思ったら、なんかの拍子で三四郎にも勝っちゃった。それで、決勝戦ではギャロップと対戦して、大差で負けて恥かいたんですけど（笑）。あの5月20日を境に、急に人生が変わりました。まず、身内がいち早くラジオに呼んでくれたよね。次の日の昼に土田さん（『土田晃之 日曜のへそ』）、有吉さんも「コンビで来い」って言ってくれて（『有吉弘行のSUNDAY NIGHT DREAMER』）。

滝沢 5月20日以降、忙しくはなったけど、殺人的スケジュールってわけではないんですよ。

西堀 局から局へと分刻みでタクシー移動、みたいなのはないよね。『M-1』王者になった直後の錦鯉なんか、寝る間もないみたいな感じだったじゃないですか。この年だと野心もないし、今ぐらいの仕事量が一生続いてくれたら最高だよ。『THE SECOND』の後は、これまで縁のなかった芸人さんからお誘いを受けるようになって、それはやりがいもあるし、楽しいです。

滝沢 最初に、ツーナッカンとのトークライブが6月の頭であらかじめ決まってたんだよね。そのライブ名が「反省会」だったの。企画側も〝負ける〟という前提で。それがマシンガンズが準優勝したもんだから、急遽「二次会」に変えて。それはそうだよな、こんな結果、誰も想像してなかったんだから。

西堀　高円寺のライブハウスでやったけど、準優勝になってからだと、受けるのが難しかったタイプの仕事かもしれないですね。配信も売れたって聞いたから、主催者がギャンブルに勝ったってことでしょう。吉本芸人との絡みなんか、今まで一切なかったから、うれしいもんですよ。囲碁将棋とツーマンライブとか、ダイタクのトークライブ、（レイザーラモン）RGさんのイベントにも出ましたし。

滝沢　3月に初単独ライブもやったし。タイトルは『最初で最後』。単独なんてやったことないもんね。

西堀　そう。コントの人は発表したいだろうけど、漫才師は…ってずっと思ってきたから。でも、さすがに1回ぐらいはやっておこうかって。漫才協会にも入会したけど、あれは塙（宣之）がずるいですよね。『ナイツ　ザ・ラジオショー』で、「入るか入らないか決めろ」って言うから。生放送で「入りません」とは言いにくいよ。だけど、前にも滝沢と話してて、やっぱりある程度コンスタントにやっていないと、感覚が変になっちゃうなって。1回、『ENGEIグランドスラム』の昼の部に出演した時に（21年）、うまくいかない空気を感じた瞬間があって。それ以来、定期的にやろうって話をしていたんで、やってもいいかなって感じです。

月1回やりましょうっていう縛りで。

『ダウンタウンDX』などうれしいオファーが続々

滝沢 『THE SECOND』以降に来たオファーでうれしかったのは、名古屋の野球番組。16年に僕は『HAPPY MONDAY BASEBALL』というBSスカパーの番組に出演していたんだけど、その時のディレクターが、今はプロデューサーになっていて、番組に呼んでくれたの。昔のつながりが今に生きていることが少なからずあるから、いろんな番組に出ていて良かったなと思う。ミーハー的な意味だと、『ダウンタウンDX』だな。10代の頃から見ていた番組だし、松本（人志）さんいるわ、浜田（雅功）さんいるわ、しかもお2人に「認識してもらってる！」みたいな。やっぱりテンションが上がりました。僕は『ワイドナショー』には2回くらい出ているけど（19年、20年）、コンビでダウンタウンさんの目の前に立った時はうれしかったなぁ。

西堀 その気持ち、分かる。似た感覚で、僕は元日の朝に放送されるフジテレビの『爆笑ヒットパレード』は念願でした。他の局でも、もちろんお笑いはいっぱいやってるけど、『ヒットパレード』って特別なんだよ。元旦ってことで。まぁ漫才やって、その後にひな壇に座って、何したわけじゃないんだけど（笑）、これはなかなか感慨深いもんだなと。昔から見てきたものの中に入るっていうのは、やっぱり特別ですよね。もう1つ、「人が休んでいる時に働いてる」っていう、優越感に近い気分が1個あるんですよ。正月のめでたい時に、そこから始められる喜び。

滝沢　前年の通信簿じゃないけど、昨年調子の良かった人が出演していて、僕らは『THE SECOND』のくくりで出してもらって、うれしかったよね。今後は、2人で冠番組みたいなことは何かあればいいなというのと、ゴミ番組は考えているのがあるので、企画とかも提案してみたいですね。まぁ、お声の掛かったところにはできる限りトライしつつ。器用に立ち回れる人間じゃないので、自分のやりたいことが何か形になるといいなと思ってます。

西堀　自分たちを下げることに慣れてるから自虐が多いんだけど、50歳を目前にしてこうやっていろいろと出してもらうと、弱者として立ち回っていた感じが少し変わってくるのかな。若くしてきちんと売れていたらよかったけど（笑）。今は毎日が楽しくて、文句ないです。「もうちょっとお笑いやってもいいよ」って、神様が許してくれたってことにします。

第2章

西堀 亮の思い

これまでの自身の歩みを「流れに身を任せただけ」と言う西堀亮。
『THE SECOND』にたどり着くまでの
苦難の時代をどう乗り越えたのか。
実は「ストレスフリーだった」という日々を振り返る。

1998年に結成して、芸歴26年を迎えたマシンガンズ。2010年頃のショートネタブームで頭角を現すも活躍の場は広がらず、長い低迷期を経て、2023年の『THE SECOND』準優勝で再び脚光を浴びた。紆余曲折の26年間を、「あまり先を考えない」「流れに身を任せる」といった姿勢で乗り越えてきたと話す西堀亮。これまでの芸人人生を振り返りつつ、その時々ではどんな思いを抱えていたのかを語ってもらった。

芸人は誰もが、売れている人を見てお笑いの世界に入ってきています。だから、「売れないかもしれない」っていう発想はあまりないんです、みんな。自信を持って入ってきているから。でも、やればやるほど難しい。最初はそんなこと分からないし、僕も「何歳ぐらいで売れるのかな」って思ってました。当然、売れるという前提で。

くすぶっている時代が長かったけれど、今に至るまで完全には火が消えなかったのは、お笑いの環境にい続けたからですよね。望む、望まないにかかわらず、ネタをする場面が定期的に来ますし。別にこっちから何をしたっていう記憶は一切ないんです。ただ、目の前に最低限のやらなきゃいけないノルマは来るから、わずかな種火は残っていたんでしょうね。

「売れる」よりも「ウケる」ためにスタイルチェンジ

試行錯誤するなかで、スタイルを少しずつ変えてきましたが、チェンジには自分たちがやりたいことをやるっていう前向きなチェンジの仕方と、状況で変わらざるを得ない後ろ向きなチェンジがある。僕らは２００６年末頃からダブルツッコミに変えましたが、それまでウケなかったので、変えざるを得なかったっていうのが正しくて。「こういうことがやりたいんだ」っていう前進ではまるでなく、ウケないってことがやっぱりツラい。ウケるためのチェンジ。

だから、決して前向きなわけではなかったんですよ。何をやったらハマるのか、ウケるのかっていうのが、まあ分からなくて。あの頃は「売れる」よりも、「ウケる」ことのほうが主題になっていましたね。まずは、目の前のこの人たちを笑わせようっていう。

破れかぶれだった、みたいなことも強いです。お客さんの前に出てウケないってことは、成り立っていないってことですもんね。そこを改善するための、そこに合わせてのスタイルチェンジ。こういうのをやろうという提案は、滝沢が言ってきたのかな。「キレキレにしよう」っていうんで。その時俺はもう、ちょっと折れかけていたんですよ、心が。

「最後に何かやって辞めるか」ぐらいの気持ちでした。『芸人という病』（双葉社）でも書きましたが、俺も何もしない側の人間なんです。滝沢は割とこう、動くイメージはありますよね。まぁ、その頃はもんもんとはしてたけど、情熱的な時期ではありました。ウケよう、ウケてやるっていう。「待っている」感覚ではなくて、つかみに行っているんです。ある程度の時期になると、達観してくるというか、みんな諦めが入ってきて、待ちに入るんですけど、その頃はもっと能動的でしたね。ダブルツッコミにしてからは、やっとコンスタントにウケるようになりました。解散かなって思った時期もあるけど、これ以外に好きなこともないしなと踏みとどまって。ウケるようになったときは、かなり自信になりました。

ネタ番組に出られるようになって衣装にも意識が

結成から9年、試行錯誤を経て07年にオーディションで通った『爆笑ピンクカーペット』にて初めてテレビでネタを披露すると、それ以降、少しずつネタ番組に呼ばれるようになった。

テレビに出られるようになったのは本当にうれしかったですね。しかも、スタイリストが付いたりすると、芸能人に近づいている感じがするじゃないですか。テレビ局に行って、スタイリストさんが選んでくれた服を着てっていうのは、やっぱり特別なことです。スタイリスト代から「そのお金で好きな衣装を買ってもいいよ」という場合もあったけど、自分では絶対に選ばない服ってあるし。

芸人を始めた頃は、衣装に着替えていなくて、普段着のままライブに出ていましたからね。地下ライブや野良ライブでは、何だっていいわけですから。汚い格好でもいいんだけど、ちょいちょい出るようになると「人前に立つんだしな」という感覚が芽生えますよね。あとは、衣装っぽいものがあったほうが、覚えてもらえるかなという頭になって、アロハシャツを着たり、スーツにしてみたり。

ただ、『爆笑レッドカーペット』とか『エンタの神様』のブーム自体はすごくて、それに伴って我々の仕事は増えたんだけど、ネタ番組以外にはなかなか広がりがなくて…。今思うと、マシンガンズが求められていたわけじゃなくて、ブームを盛り上げる1組として呼ばれていただけなんですよね。ここをきっかけに正当に評価されて、バカリズムさんみたいに仕事が忙しくなった人はいっぱいいるんですが、僕らはブームに付随する形で呼んでもらうことがほとんどだった。どのネタ番組にも同じメンバーで移動してましたから。『レッドカーペット』や『エンタの神様』でいうと、下のグループだったんですよ。序列的に。その焦りはあったんでしょうね。同じ頃に出ていた芸人は、もうちょっと露出があったりしていたから。

東京駅の喫茶店でマネジャー含めて話し合い

「なんでもっと売れないんだ」みたいな話し合いをしたこともありましたね。地方へ仕事に行った帰りに、東京駅の端っこのほうの喫茶店で話したのとかも覚えています。まだ、仕事もありましたし、「まだいけるから、もっとこうしよう」っていう。初代マネジャーの本間（隆志）もいました。どうしてテレビの露出が増えないのかとか、テレビで他の芸人に負けてしまう理由とか、結構具体的な話ですよね。滝沢に「なんで前に出てしゃべらないんだ」って問い詰めたら、「思いつかない」って言ってたなあ（笑）。

でも、事務所やマネジャーに「もっとこうしてほしい」とか「推してくれよ」みたいな不満は全然なかったんです。それは今もですけど。芸人は面白かったら使ってもらえるだろうし、ネタを作るのは自分たちで、本人の努力次第ってところがあるから。アイドルとかミュージシャンだったら、プロデュース的なことが大事だったりもするだろうけど。吉本興業でも、ナベプロ（ワタナベエンターテインメント）でもなく、太田プロ所属の有吉（弘行）さんが天下を取ったのは、やっぱり有吉さんのスキルですもんね。一概には言えないですけど、お笑いは実力主義だなと思います。

今から思えば、「こうしておけば良かった」ということは山ほどあるけど、当時はできなかったでしょうね。〝キレ芸〟で世に出たけど、例えば平場では（カンニング）竹山さんみたいにやるのか、アンジャッシュの児嶋（一哉）さんみたいにやるのかっていうのは、本当は決めておけば良かったと思います。竹山さんみたいに、何を言われてもキレるスタンスっていうのは1つ、手段としてはありましたよね。とはいえ、そもそもそういうトークができるような場には呼ばれていなかったんですけどね。キレられるような場に。

制作側の意図が分からない時が1番つらい

せっかく出られた番組でも、苦い経験をしたことがたくさんありますよ。レギュラーだった『おもいッきりPON!』（09年～10年）は、スベりすぎてつらかったです。スタッフの人にやれと言われたことをやって、相手を怒らせたこともあるし。スタッフは、提案してもひどい空気になった時に助けてはくれないから、セルフディフェンスをしないと危ないぞと思いましたね。こんなこと言うと角が立つかもしれませんが、スタッフさんはテレビのプロではありますけど、お笑いのプロとは限らないので。

午前中の番組だったので、その日の朝に早めに入って打ち合わせするんですが、何が1番つらいって、何をやっているのか、意図が分からない時なんですよ。せめて明確な目標は示してくれよと思っちゃう。別に俺らのコーナーなんか、ウケてもスベってもいいんですよ、向こうは。いくつもある企画の中の1つだから。それが分かるっていうのもつらいもんですよね。どっちに転んだっていいんだと思われてるんだっていう。

自分は経験ないんですが、あの頃はまだ手が出るタイプのプロデューサーもいて、芸人が胸ぐらつかまれているのを見たりもしました。いまだに、古いプロデューサーだとあの頃のノリが残っている人がたまにいて、そういう人は「(話す時には)敬語を使ったほうがいいですか?」みたいな、上から目線の嫌ないじりをしてきますよ。でも、信用できない人がいたとして、その人も状況によって変わるのかもしれないですね。こっちのテレビ露出が多かったり、影響力を持っていれば、信用できる人になるのかもしれない。舐められてるから、雑な扱いをしてくるんでしょうね。

2010年に『レッドカーペット』と『エンタの神様』のレギュラー放送が終わるんですが、この後の番組には、それまでおなじみだったメンバーがごっそり入れなくなるんですよ。

前のブームのカラーがあるから。ここでがっつり世代交代、メンバー交代が始まりました。そうなるまで、大きな流れに身を任せていただけだったんですよね。当時はその流れの中にいるから、何も気付かなかった。

浮かれていた時期に叱ってくれた寺門ジモンさん

その当時、『EX大衆』という雑誌で連載があったんです。マシンガンズがホストの対談で、ゲストにタレントさんが来るっていう。俺は事務所の人に言われるまで忘れていたんだけど、ダチョウ倶楽部の回で、（寺門）ジモンさんにめっちゃ怒られたことがあって。ホストの役割なのに、何の事前準備もしないで座っているだけだったから、「テレビにちょっと出ているからって、オマエら勘違いしてる。お客さんじゃないんだ。後で分かるよ。雑誌の連載を持たせてもらえることがどれだけ簡単じゃないか、取材1つがどれだけ大事か」って。

図星で、やっぱりそういうところがあったなと思います。テレビに出て、多少お金が入って食えるようになって、浮かれていたんでしょうね。目に付いたんだと思います。2年くらいして、その言葉の意味に気付くことになりました。当時は「うるさい人だな」って、言われていることがよく分からなかった。ジモンさんのことは今でも、静かな人だとは思っていないですが（笑）。そういう厳しいことをはっきりと言ってくれる人はあまりいなかったので、ありがたいことでしたね。有吉さんにも「1つひとつ一生懸命やれ」って、しょっちゅう怒られてましたけど。あの頃は事務所の人と「もう少し売れたらシャンパン開けよう」とか言ってたけど、あれから15年、1回も開けてない（笑）。

10年にネタ番組のレギュラー放送が終わった頃から、コンビとしての仕事は徐々に下降線をたどることになる。しかし、それを自覚しても、当時の西堀に焦りはあまりなかったという。

「いつか自分たちの番が」って、ずっと思っているんですよ、みんな。バカですよねぇ。普通に働いている人と圧倒的に違うのは、芸人の場合は、ある日、何かのきっかけで劇的に好転する可能性が常にあるんです。「1日たったらスターになっていた」っていう成功例を、僕らはいくつも目の当たりにしているから。状況によっては売れるかもしれない、誰かが引っ張ってくれるかもしれないっていう環境。1000円分宝くじを買って、「もしかしたら」って待っている感じ。俺の周りのくすぶり芸人なんか、いまだにそうです。「当たらないかな」って。会社員の方だったら、なかなか難しいじゃないですか。その違いは大きいと思います。

簡単には売れない、だけど光があるから続けてしまう

みなさんはよく僕らに「待つ力」があったって言うんだけど、芸人はそんなギャンブル性のある環境に置かれているから待てるっていうのはあります。人間やっぱり、一筋の光がないとダメなんですよ。一筋でいい。いつか自分の前に糸が垂れてきて、そこを登れば這い上がれるんじゃないかっていう希望。非常に楽観的ですけどね。だから続けていられるわけで。これが、先まで見えているような仕事だったら、待てないと思います。

太田プロだと、劇団ひとりさんもすごかったけど、目の前で見た最たる例が、柳原可奈子です。特番1回目の『爆笑レッドカーペット』で「レッドカーペット賞」を獲得して、1発でスターになった。次の日、事務所の電話が鳴り止まなかったって聞いたもん。1分で人生が変

わってる。後輩にここまで明確に追い越されたのは、これが初めてでした。有吉さんの復活はその後ですかね。さらに、僕らと同じ地獄の穴から指をうまく引っかけて這い上がってくるヤツが出てくる。じゅんいちダビッドソンとか、アングラのほうから出てくるヤツもいるし、オードリーやナイツは、登り切っちゃった。そうやって下や上や横が飛び立っているのを見ているんです。マシンガンズも、上半身くらいは出たんですよ。でも、保てなかったですね。また落ちて。1度地上に出て、太陽を見たことがあるから、戻りたいとは思っていました。

冷静に考えれば、いろんな可能性があるうちに見切りをつけたほうがいいんですよ。100歩譲って、売れなくて芸人を続けることを〝チャレンジ〟としましょうか。5年やってダメだった…、まぁそんな簡単には売れないですよ、普通。だけど、5年もやると芸人としての自負も芽生えていたりするから、自分で猶予を設けるんです。誰かを引き合いに出して「あの人は時間が掛かった」なんて言って。

今なら、50歳でブレイクした錦鯉の長谷川（雅紀）さんみたいな例まで出てきたから、「ここまでは頑張ろう」ってなるんですよ。僕らも48歳と46歳でセカンドチャンスをつかんだから、周りにまた「もうちょっと頑張れ」っていう〝呪い〟を掛けていますよね。錦鯉が『M-1』チャンピオンになって、我々もちょっと出て、44歳のサルゴリラが『キングオブコント』で優勝して、ますますですよ。お笑いの世界で40代半ばなんて、まだまだチャンスがあるっていう。

だから、1番仲良くしている元トップリードの和賀（勇介）が俺のことを見て、「あと7年ある」って言うの。年齢が7歳違うんだけど、和賀が西堀の年になる頃には「俺も出られるんじゃないか」って思ってる。めっちゃ怖くないですか？（笑）。「オマエもっと頑張れよ」って言ったら、「まだ7年ありますしね」って。

お金はないが、ストレスもない

そうやって「いつか」と思いながら、自分の置かれている場所に慣れて、意欲も削られてはいくんですけど、そこに居続けられるのは、ストレスがないことと、「怒られない」っていうのがデカイです。芸人って、怒られないんですよ。勝手に漫才やっているだけだから。利益が出ていないだけなんで。

我々は給料をもらっていないんです。会社員だったら、もらっている報酬のぶん、売り上げが下がったら頑張らないといけないし、立て直すために努力をしないといけない。俺たちは落ちていても、別に誰にも迷惑は掛けていないっていうのが根本にあるんです。仕事がないなら、太田プロから金をもらうことはないだけなので。自分以外、誰も損していないんです。

ただ、結成から10年を過ぎて、年齢も30歳を超えているから、当時はマネジャーの本間を含め、事務所のスタッフもたぶん、諦めていたと思う。そんなムードが漂ってたよね。「もっとマシンガンズ頑張れよ」って、励ますような若手でもないし。悪いことをしているわけじゃないんだけど、なんとなく、シラーッとした空気が流れてましたね。

浮き沈みがあるなかでもマイペースを保ってきた西堀だが、12年に大きな衝撃を受ける出来事が起きる。それは、相方の滝沢がゴミ清掃会社に就職を決めたことだった。

滝沢の就職でマシンガンズは「終わった」と思った

今となってみりゃ、みんな「良かった」って言ってくれますけど、芸人をやっていて、相棒が就職したっていうニュースを前向きに捉えられるヤツ、いないですよね。滝沢がゴミ清掃の会社に就職したと聞いた時は、さすがに「終わったな」と思いました。マシンガンズよりも優先事項ができたんだと思いましたから。それは、俺の年表では大きいことでしたね。

その時の気持ちは複雑で、言い表すのが難しいですが、たぶん寂しかったんだと思います。それをネタにしてやろうってところまで、考えは及ばなかったですね。今でこそ、特技を生かしたり、別の職業を持ちながら二足のわらじで芸人をやるのは当たり前の感覚ですけど、当時はそんな例は聞いたことがなくて。これで、芸人という職業で大成するとか、プロとしてやっていくのは厳しくなるのかなと。たとえ「芸人を続けるために」という理由でも、前向きではないじゃないですか。売れようとかじゃなくて、続けるためなんだから。だから、滝沢は「第一線を目指して」っていうスイッチはもう切ったんだと思いました。でも、事情を知っているから、「やめろ」とか「何やってるんだ」とは言えないし。

その時は割り切れていなかったです。俺もまだまだ売れたかったのかもしれない。ただ、滝沢も家族のためのことですから、どうしてもシビアにはなってくる。コンビとしての破綻を初めて感じました。『M-1』もないし、モチベーションは下がってるし、何を頑張ったらいいかも分からず、目指すものもない。たまに仕事で会うだけって感じですよね。うん。

なんかその辺のことはうろ覚えなんですよね。漫然と続けていて、ぼーっとしながら。「終わった」とは思ったけど、芸人を辞めることを踏みとどまらせるくらいの収入はあって。西堀のスペックから考えて、他の仕事で稼げるとは到底思えないわけです。「売れなくて嫌だ」とは感じているんだけど、そう思い込もうとしてるだけなのかもって、俯瞰している時もあって。この暮らしを10年以上続けた人間は、やっぱりどこかが麻痺してくるのかな。

それで、俺はたまに土木作業に行くんです。月に10日以下、お笑いの仕事と半々くらい。給料がなかったわけじゃないんだけど、暇なことは暇なんですよ。1～2週間、普通に休みがあったりするから、そうなると「ちょっとお小遣いが欲しいな」ってなりません？ 日銭が入って、家に帰ってビール飲んで…。「芸人としてこれでいいんだろうか」って、なんとなくポーズでは思っているけど、もしかしたら本当は満足してたのかもしれない。本当にわけが分からないです。なんでやってるのかなっていう。ただ、芸人という肩書を外していないだけ、みたいな。仕事もある程度はしてるんだけど、1番「うーん…」っていう時期だったかもしれない。底というほどの底ではないし、もっと底も知ってるし。

土木作業のバイトをやる時に、自分のなかで「落ちぶれたな」みたいな意識はないんですよ。全くない。俺はそのあたりの意識がなさすぎるのかもしれない。『レッドカーペット』とかのお笑いブームの前までお世話になっていた会社があって、そこのおじさんがね、声を掛けてくれたの。「仕事最近減ってるでしょ。またやる？」って。だからまぁ、抵抗がなくて。「てへ」って言いながら戻った（笑）。死ぬほど落ち込んだとか、悔しいとか、そんなにないんですよ。滝沢がゴミで仕事が増えてきたりしても、「俺も何かやらなきゃな」ぐらいの焦りはありましたけど、「アイツめ」とか思ったことはないです。

ラジオがコンビとしての生命線

芸人としての仕事が減るなかで、残っていたのはラジオのレギュラー。週に1回2人で会う時間があることで、これがコンビを続ける生命線になっていた。

14年にラジオ日本で始まった『60TRY部（ろくまるトライぶ）』は、3時間くらいの生放送で、ゲストが1組ないし2組来るっていう番組でした。ライブ以外では、それぐらいしかお笑いの仕事はなかったから、「毎週1回はやることがある」という精神的な救いにはなりましたよ。それで全部発散できているという感じではないんですけど。

やりながら思っていたのは、「ミュージシャンって生意気だな」って（笑）。「そのスタンスはまだ早いんじゃないか？」って思うことは多々ありました。若手の、まだ無名のゲストも多くて、その人たちがくすぶっている我々のラジオに来るから、お互いにリスペクトがなかったのかもしれない。そのときは、ジモンさんにかつて怒られたこともすっかり忘れてました。

1番の腐り期とぶつかっていましたからね。何の感謝もなくやっていた感じがします。いただける仕事をありがたいと思うようになったのって、むしろ最近なんですよ。普通、逆だと思うんですけど。その頃はとにかく卑屈で、「俺なんて」みたいな気持ちが常にあるんです。チャンスを生かそうとか、そんな発想もない。全部はこっちの状態ですよね。不思議です。どういう感情なんだろう、あれ。いじけてたのか、「どうせ」って思ってました。同じことがあっても、今だったら「ありがとうございます」って言ってるはずなのに。当時は余裕がなかったんでしょうね。今だったら、生意気なミュージシャンのことも「かわいい」と思えるかもしれない。でも、これがあったおかげで、コンビの火が消えなかったというのは確実にあります。

チャンスのはずのラジオで大スベリ

相方の滝沢が清掃の仕事にまい進する一方で、西堀がソロで仕事を受ける機会も出てきた。しかし、なかなかそのチャンスをものにできなかったと振り返る。

13年に単発で呼んでもらったのが、『マシンガンズ西堀亮のオールナイトニッポンR』。ただ、このラジオで大スベリして、1人でしゃべるのは向いていないと思いました。なんか、他の説明がつかない（笑）。老舗《しにせ》の番組だし、ここで爪痕を残せたらとか思っていたけど、地獄の1時間半になってしまって。ものすごくポジティブに言えば〝ターニングポイント〟ですね（笑）。後になって、俺は別に発信したいことなんてないんだってことに気がつきました。「俺はこう思う、みんなはどう思う？」なんて気は全然なくて。ウケるんだったら、キレ芸じゃなくても何でもいいし。だから、他の芸人の話で「こういう笑いをやりたい」とか聞くとびっくりします。自分にはゼロだから。たぶん俺、面白い人じゃないんです。ただ明るいだけ。滝沢の話を聞いてると、「こういうのがやりたい」っていうものがまだある感じがしますけど。

『オールナイトニッポンR』では、何を話したか全然覚えていなくて。始まっちゃえばなんとかなるだろうって、あまり構想とかも考えず、自分に期待してました。ははは！ 始まって10分くらいで、「これはヤバイ」ってなって。漫才もそうなんですが、いつも人の反応を見てしゃべっているんですよね。だから、マイクの前で見えない相手に対して伝える能力は皆無。

テンパリ全開で、やることがなさすぎて、ティッシュを食べました（笑）。番組が終わった後、一息ついてブースに戻ったら、お通夜みたいな雰囲気になっていて。大チャンスだったのに。「しゃべれない人」だってバレた感じで、恥ずかしかった。結果としてうまくいかないと、恥ずかしいですよ。今だからこうやって振り返れますけど、「おいしい感じのダメエピソードに」みたいなことは、一切思えなかったです。

しばらく落ち込んだ態度を取っていたんですが、どこかで「死ぬわけじゃないし」みたいな気持ちもあったりするんですよ。お笑いのウケる、ウケないは、自分に決定権がないじゃないですか。だから、努力すればウケる確率は上がるんだろうけど、人が何で笑うかは分からない。結局「人が決めることなんだから」って思い込んで、サボっているところがあって。そんな自分を再認識して、意外とみんな、真剣に仕事に向き合ってるんだと思いました。

ソロの仕事といえばもう1つ、『有吉の夏休み』（15年）もものすごく記憶に残っていますね。せっかくハワイまでロケに連れていってもらったのに、他のメンバーに気後れして、一言も話せなかったんです。やっぱりテレビって、その場にいて違和感のない人しか映っちゃダメなんだなと明確に分かりました。自分は芸能人じゃないんだということを、まざまざと見せつけられた感じがしました。

棚ぼた的にもらえたドラマレギュラー

一方で明るい兆しもあった。16年に放送された大野智主演の連続ドラマ『世界一難しい恋』で、西堀はレギュラーキャストとして起用された。この作品以降、俳優業に恵まれるようになる。また、20年には発明学会の「身近なヒント発明展」にて優良賞を受賞。応募した「靴ブラシハンガー」はその後、商品化もされている。

結局、俺は基本、受け身なんです。何が大変って、やっぱりアクションを起こすことですよ。必ずうまくいくと思えるんだったら動けるし、努力もできる。例えば岩があったとして、100回叩けば割れると思ったら、叩けます。ただ、割れるか分からない岩は叩けません。そこってすごく面倒くさくないですか?

ドラマ『世界一難しい恋』のレギュラーは、棚ぼた的にもらえました。ラッキーですよね。役者経験もないのに。しかも、漫才師ってあまり役者はやらない。やっぱりコントの人のほうが所作がうまいから。よく使ってくれたなと思います。上島（竜兵）さんがドラマ『怪物くん』（10年）に出演したご縁があって、プロデューサーの櫨山（裕子）さんをはじめとする制作チームが、マシンガンズのネタをたまたま見てくれたんですよ。『セカムズ』以降、櫨山さんのドラマにはいくつか出させてもらっています。

ドラマの現場はセリフを覚えていくのみ

当時、取材でよく記者の方に「どんなふうにドラマの現場になじんだんですか」って聞かれました。答えになっているか分からないですが、順応できるかできないかの前に、時間は来るし、撮影は始まりますよね。フィットしようがしまいが、現場は進むじゃないですか。だから、セリフを覚えていくぐらいしかできないです。「空気に飲まれませんか?」とか聞かれましたけど、飲まれようが飲まれまいが、時間になったら撮影は始まるんです。うまくいった、いかないは結果論なので。

「ドラマの現場は、お笑いとは全然違う」とか、そういう発想もなかったです。「この時間に来い」って言われたから行って。「大野（智）君だ！」とか思っていても、こっちの気持ちにかかわらず呼ばれて、「蛭間太陽役の西堀さんです」って始まりますからね。「おはようございます、お願いします」って言ったら、「用意、アクション」でスタートしているわけだから。

人前に出る仕事として、テンションが上がったかと言われれば、上がりました。仕事があるということは、お金にもなりますし。1クールだから、ちゃんとした額にもなるじゃないですか。確かに「こんな仕事をしてるんだぞ」っていう高まりはあったけど、だからといって、マシンガンズがどうこうっていうことにはつながらなかった気がしますね。

でも、ドラマの放送中は「見てます」って声を掛けてくれる人がたくさんいたので、「役者になろうかな」とは一瞬思いました。ところがそんなにうまくはいかないもんで、ドラマが終わったらピタッと、そんな仕事は入らなくなったんで、すぐに「役者は無理そうだからいいや」と（笑）。

なんかこういうふうに時間軸で見ると、何1つ大きな流れになっていないですね（笑）。20年に靴ブラシハンガーで『発明学会主催 身近なヒント発明展』で優良賞を受賞したのも、暇だから始めただけで。たまたまロケに行った先に資料があったんですよ。まあ発明は、俺の人生では割と動いたほうですけどね。

仕事の選り好みはしない

あえて仕事選びのキーワードを挙げれば、「楽しい」かもしれないです。これは50歳を目前にした今だから言えるのかもしれないけど、大概楽しいですよ。「これは嫌だ」みたいなＮＧも、ほとんど出さないです。本当に無理だってこと以外は、別にいい。ただ、バンジージャンプやスカイダイビングみたいな、絶叫系はできないんだけど。

結局、こだわりがないんでしょうね。「こういうのがやりたい、こういうふうにしたい」というのは別にない。「何にも考えていない」に近い気がします。26年の芸人生活のなかで、徐々にこうなってきたのか、もともとの資質が浮き彫りになったのかは分かりませんが。唯一気にするのは、出演料かな（笑）。内容が常識の範囲内で、普通に相場通りにくれるんだったら、仕事の選り好みはしません。役者だったら、どんなドラマでも、どんな役でもいいです。どう思われたいとか、別にないので。

もし、バッティングしてどちらか選ばないといけない時は、未来がありそうなほうのプレゼンを細かく聞くかな（笑）。そりゃあ、ＮＨＫの朝ドラだったら無条件でやりたいよ。（マネジャーの）田中も言ってたよ。「大河ドラマか朝ドラだったら、すぐにスケジュール切ります」って（笑）。バラエティだったら、何曜日の何時かっていう時間帯と、出演者の並びを加味して、どっちがいいかなって選ぶ。みんなそうでしょ？ それはあります。でも、お笑いの仕事の金額って、意外と事前に分からないケースもあって。終わってから「バカにしてんじゃねー！」って額の時もありますから。

役者業など新たな仕事にも挑戦する一方で、コンビとしての活動は限られ、芸人としての未来が見えない状況が10年以上も続いた。それでも、マシンガンズの看板を下ろすことや芸人を辞めることは考えなかったという。

理詰めで考えたら、続けられた理由は結構あるかもしれないです。奥さんがこの環境を許してくれたとか、ある程度薄く収入があったとか、1回でもテレビのネタブームに乗れたとか。細かく積み上げていくと、なんだかんだ、やれていた理由はある気はしますね。

やっぱり大きいのは、こんな状況を許してくれた奥さんの存在です。それが1番かも。奥さんは、俺がお笑い芸人をやっているってこと自体は、楽しんでくれているんですよ。その姿を見る機会もあるし。だから、バイトをするなり、お金を稼ぐ手段は何でもいいよって。稼げないことと、芸人をやってることは関係がないっていうスタンスで、「お笑い芸人を辞めて稼いできて」とは言われませんでした。もし、芸人でいることを反対されていたら、さすがに辞めていたでしょうね。

辞めるつもりでダブルツッコミにして、ウケたっていう成功体験もやっぱり大きいです。ネ夕番組に出ている時は感じなかったけど、それが終わってから約15年、特に山もなく過ごすわけじゃないですか。その時に、昔のウケた回数だとか、番組に呼ばれていたってことが支えになってはいました。でも、それもどうなんだろうって、要所で思ったりもしましたけどね。ちょっと世に出られたことで、「本当は自分に力があるんだ」っていう〝暗示〟〝呪い〟をかけてしまったのかもしれない。小さくても成功するってことは、良くも悪くも自負心を育ててしまいますから。

思い通りにいかないからラッキーを待つ

そうして、常にどこかでラッキーを待っているという。賞レースで結果を出して、MCをつかんで…というプランを立てて目標に近づくというのは、達成感があるはずなんです。だけど自分たちの場合は思った通りにいかないし、うまくいったときにはいつも〝棚ぼた感〟があって。だから、いつか来るかもしれないラッキーを焦らず待つしかない。

焦る人っていうのは、自分の置き場所が高いんですよ。自分の理想の折れ線グラフよりも、大幅に下回っているから焦る。俺は自分にそれほど期待していないのかもしれないです。それは、07年頃の1度目のプチブレイクの時から変わりません。やりながら、なんとなく「足りてないいな」と勘づいているというか。「なんで俺らを使わないんだ」っていうほど自信があれば焦ると思うんですけど、使われない理由も分かるからっていう。

ネタブームの時も、グループには入ってるけど、立ち位置的には後ろのほうだなって、うっすら見えていました。「特徴がない」とか、自分たちのしゃべりを「平場に持っていけてない」とか。だから、どうしようかなとは思ってましたけど、滝沢ほどは危機を感じていなかった気がしますね。

壁にぶち当たった時は「登れない」

先が見えない困難な状況でも、焦らずいつか来るチャンスを待つ——どこか達観したような境地になぜたどり着けたのか。それは決して無理をしないでいいストレスフリーな環境に身を置き、その状況を楽しめていたからのようだ。金銭的な制約などはもちろんあるが、それでも

「なんとかなった」と、西堀は言う。

基本的に、壁にぶち当たった時に、乗り越えようとする人間ではないかもしれません。「登れない」って思うんです。この壁は無理だなって。とはいえ、1番初めの「ウケない」っていうことだけは、まず克服しなければいけない壁でしたけどね。

芸人になる前までは、友達としか話したことがなかったから、ウケない経験がなかったんです。素人なんだから、そりゃそうです。それで、やってみたかった漫才を実際にやってみて、これは恥ずかしいんですけど、ウケないってことに驚きました。そして何年かたって、ふとよぎるわけです。「俺は面白い人間じゃないのかもしれない」って。自分が生きてきた根本を揺るがす事実を目の当たりにするわけです。

俺は札幌にいるときに、自分より面白い人間を見たことがなかったんですよ。それを周りの芸人仲間に言ったら「俺もだ」って。みんなそうやって集まってくるんですね。そして世の中にはやっぱり、自分の想像を超える人がいっぱいいるんです。ライブでキングオブコメディを初めて見たときに、驚きましたもんね。今でも鮮明に覚えていますが、こんなに面白い人たちがいるんだって。テレビで見る人たちは、キャリアの差があるからしょうがない、先輩だしなって。でも、同じライブで彼らを見た時は、本当にショックでした。

傷つきすぎないように自分をコントロール

そこらへんからやっぱり、うっすらと、「本当に俺は面白いのか」っていうのがテーマになって。グラグラ揺らぐもので、日によって変わるんですよね。ライブに出てウケたりすると、「やっぱり大丈夫だ」って思うし、スベったりすると「やっぱりダメだ」って思うことの繰り返し。でも、あんまり傷つくと、辞めちゃうじゃないですか。だから、みんな自制してるんじゃないかな。「あの場は俺が1番後輩だったしな」とか何かと理由をつけて、波を小さくしているのかもしれない。非常に低いところで、自分をコントロールしている（笑）。

人格否定みたいに怒られたりしたら話は別だけど、外的圧がないからできるんです。それに、お金をもらっていないですからね。趣味と変わらない（笑）。ゴルフもいい時と悪い時があるっていうじゃないですか。何の得ももたらしていないけど、誰にも迷惑をかけていない。だから続けられるような感じですね。滝沢が就職した時にも感じたけど、芸人は職業じゃなくて、やっぱり生き方なのかなとも思う。収入を得る糧としてはなかなか厳しいし、自分たちを広く認めてもらうのって、大変なことなので。だからロマンもあるんだけど。

もしかしたら俺は、世の中の煩わしいことからずっと逃げているのかもしれない。それでも、なんとかなってきたんですよね。みなさん、仕事でのストレスが絶えないって言うじゃないですか。そういう話を聞くと、なんで逃げないのかなって思います。解決のためにいろいろと策を講じたところで、「どうにかできることなのかしら」って思っちゃう。

嫌な上司がいれば、なかなか大変じゃないですか。俺だったら、「そいつのいないところに行く」っていうのを大事にする気がしますね。もちろん、ローンだったり、家族のことだったり、事情はあると思うんですよ。そこはうまく。それで逃げる。今って根性論が排除されて、働く形が自由になってきているじゃないですか。たぶん、ストレスのない環境を作ろうと思えば、作りやすい時代にはなっているんじゃないかと思います。

俺は芸人をやっていて、全然ストレスがなくて。たぶん芸人をやっていると、ストレスフリーの心を保つシステムが自然と構築されるんじゃないかって思う。これだけ売れていなくて、これだけお金を持っていなくて、こんなに笑うかね？って思うんです。数ある人間の種類のなかで、1番笑ってるんですよ、我々って。

駆け出しの頃で言うと、じゅんいちダビッドソンは、あいつ家を追い出されて、当時バイトしてたビリヤード場のボイラー室で寝泊まりしていたんですよ。でも笑ってました。「バイト先が近いんや」とか言って。和賀なんて、相方の不祥事で解散して、1人になって仕事がゼロになったのに笑ってた。どん底を見た人間が、あんなにゲラゲラ笑えますかね。

芸人の仕事をみんなに勧める気はないけど、本当に沈んでいる人には、「この仕事をやってみたら?」ってマジで思います。だって小銭しか握ってないのに、みんな笑ってるんですよ。スペックは地獄なのにすごくないですか? ブラックパイナーSOSの内藤(正樹)さんは、「世の中の人が得たいものは、俺たちはもう持ってる。ただ、俺たちには金がないだけだ」って言ってました。お金はないけど仲間はいるし、店にこだわらなかったら酒だって飲めるし、時間もある。そしてストレスはない。まず上司がいない。人間関係の悩みは一切なしなの。

お金はなんとかなるもの

結局、みんな楽しそうなんですよ。自分も芸人と酒飲んでる時が1番楽しいです、世の中で。お笑いが好きで、人生に行き詰まってるんであれば、芸人やってみたらいいんじゃないかとすら思う。怒られないし。「自分は面白い」と思っている人たちの集まりだから、傍から見たらとんでもない、ヤバイ集団なんですよ。いい年こいて働かないで、お金もないし、大変なこと。だけど、毎日が文化祭みたいで、居心地はすごくいいっていう。ストレスフリーです。

それに、お金はなんとかなるんですよ。周りの貧乏芸人に聞くと、だいたいみんな「12万円あれば暮らせる」って言ってます。お金がないけど楽しいのと、お金があるけど苦しいのは、究極の2択ですね。売れるまでを夢の過程と捉えるか、趣味と捉えるか。どっちでも一緒だと思うんですけど、みんな、夢を追っているふりをなんとなくしている。それで、夢の途中だから集中したいとかって言い出して。「今月ライブ20本出ています。バイトする暇ないです」って、そんなわけないんです。出番5分しかないんだから。怠け者ばっかり。でも楽しいですよ。

いや、もちろん本当はお金とか人気、いろんなものがついてきたほうがいいですよ。でも、芸歴を重ねて年を取ってくると、努力の仕方が分からなくなる。『THE SECOND』の前のマシンガンズは、何をどう頑張ったらいいか、正直分かっていなかったですね。改めて振り返ると、そんなふうに流されて生きてきたんですよね。ただ芸人でいるというだけで、何にも手を挙げたことがない。ドラマだって、自分で手を挙げたわけじゃなく、「はい、あなた」って当てられただけですから。

「流されて生きてきた」と言う西堀は、芸歴25年目にして『THE SECOND』準優勝の座へとたどり着く。芸人人生を一変させたこの出来事も、実は〝受け身〟の姿勢から生まれたものだという。

『THE SECOND』の出場は僕らの意志じゃなく、(マネジャーの)田中が応募したものですからね。僕はその時期、副鼻腔炎の手術を予定していて、最初は出ないって言ってたんです。でも、たまたま予選が入院する前日だったので参加できて。運に見放されていたら、出ていなかったです。あの1つのタイミングで、何もかも変わるなんて、分からないもんですよね。だから、自分で何かを決めるなんて、小さなことなのかもしれない。大きな流れの前では無に等しいと思います。

『THE SECOND』はなぜ勝てたのか分からない

実力もあって面白いのに、日の目を見ていない芸人ってたくさんいるんです。なぜ世に出られていないのか。外野の人は「あれがないからダメなんだ」とか、みんないろいろと言ってますよ。売れていないことに理由はいっぱいつけられる。「勝ちに不思議の勝ちあり、負けに不思議の負けなし」って、野村（克也）監督が使ったことで広まった言葉ですけど、売れたら全部、解決になっちゃいますよね、芸人は。そこは残酷だし、シビアだなっていつも思います。

23年の『THE SECOND』は、15年前のネタで戦っているんですよ。なんで勝てたのか、マジで分からないです。状況だとか、空気感だとか、スロットみたいにピシッとハマる時が、何かの拍子であるのかもしれない。サボっている人の言い訳みたいですが、大概のことって、自分ではどうすることもできなかったりするし、同じことをしたって、結果はその時々で全く変わってくるわけで。

みんな待つところを間違えている

ただ、我々は長い間、自分たちの番が来るのを「待っていた」わけですが、どこで待つかだけは大事かもしれないです。みなさんも、職場でもし待つのであれば、待つ場所を考えたほうがいい。我々は「芸人」っていうギャンブル性の高いところにいるわけですが、バカなんじゃないかっていうくらい、みんな間違っていますからね。誰も気付きようのない林の中で待っている芸人がたくさんいますから。それで、周りからみんな言うの。「いや、そこ人来ないよ」って。でも本人は「大丈夫」って言うんです。奇をてらって木に登っているヤツもいたりして。

真っすぐ正統派でやっている人は、当たり前だけど、やっぱり道路で待ってますよ。車道の近くで。『M-1』なんかは、「こっちです」って矢印が書いてあるし。だから、いる場所は考えたほうがいい。ところが、深い穴に30年間いた錦鯉の長谷川（雅紀）さんが、ある日突然引っ張り出されたじゃないですか。そんな奇跡もあったりして、みんな「なくはないぞ」って思っている。ヤバイですよ。

かく言う僕らも、今は地上に出られたから「間違っていなかったね」となっただけだと思います。基本、40歳超えて売れていない芸人は、確実におかしなところにいたはずです。『THE SECOND』っていう新しいバス停が出来たわけだけど、衝撃としては「リニアが通った」くらいの感じ。突然駅が出来て、乗っていいっていうから乗ったら、走り出した。「怪しいよ、様子を見よう」ってスルーしていたら、2回目は来なかったかもしれない。

『THE SECOND』はマネジャーが応募したため出場することになったように、今の場所にたどり着くことができたのは、周囲に助けられたからでもある。仕事がうまくいっていなかった時に、バックアップしてくれた先輩なども多い。

有吉さんはいつも助けてくれます。自分の番組に呼んでくれたり、ラジオのアシスタントにしてくれたり。有吉さんは、大ブレイクから1度落ちたことがあるから、自分の力だけではどうにもならないことがあるってことを知っている人だと思うんです。こんな、MCを全局でやるような才能のある人が、一時期はくすぶっていたんですから、分からないもんですよね。

有吉さんは1番のスターになりましたが、「どうしようもないこともある」と分かっているからか、僕らが売れていないことに対して、そんなに言われたことはないです。ただ、「仕事は一生懸命やれ」とか、そういう注意はありますけど。

土田（晃之）さんは、カラッとしているんですよ。若い頃に早い段階でガッと売れて、ずっと第一線だから。土田さんってエリートなので、「ドンマイドンマイ、頑張れ！」という感じです。『さんまのお笑い向上委員会』みたいなバラエティで現場が一緒のときは、自分たちが前に出られるようにパスを出してくれたりして。ガチで説教されたのは、（寺門）ジモンさんだけです（笑）。

何かと気に掛けてくれる小池栄子さん

あとは、小池栄子さん。『世界一難しい恋』で共演して以来、何かと気に掛けてくれて。『行列のできる法律相談所』で、世間的には全然関心がないはずの西堀の名前を出してくれたこともありますし（18年）、もともとは出番がなかったドラマでプッシュしてくれたり。年は俺のほうが上ですが、食事に誘ってもらったりとか、舎弟のような感じです。何ででしょうね。野心がなくて暑苦しくないからかな。すぐ腹を見せる吠えない犬みたいな。「西堀さんといると、自分がちゃんとした人間に見える」って、小池栄子は言ってました。

スタッフさんも、くすぶっている時に良くしてくれた方は覚えています。昨年、双葉社から『芸人という病』を出版しましたが、それは『EX大衆』でお世話になった人が声を掛けてくれたもので、それこそ『THE SECOND』の前ですから。貧乏人が貧乏人にインタビューするっていう、変な本ですけど（笑）。それは本当に感謝しかないですね。『THE SECOND』の予選の前日にも双葉社で打ち合わせがあって、そのときに近くの筑土八幡《つくど》神社が「縁起がいいよ」と教えてもらって、お参りをしたらいい結果が出て、御利益を信じるようになりました（笑）。

『THE SECOND』の準優勝後は、旧知のスタッフとの再会も増えました。TBSの『エンタの味方！』（07年～09年）をやっていた人から連絡が来て、競輪の番組に入れてもらったり。『エンタの神様』でADだった人が、今は『有吉ゼミ』でプロデューサーをやっていたり、みんな決定権を持つ立場になっていたりしますね。でも意外と、急に態度を変えるような変な人はいないんですよ。ネタにできるようなハードな思いはしていない。俺がおじさんすぎるのかな。あと反対に、避けられることもないです。当時、ひどい態度を取ったりはしてないですしね。ははは！

ラジオ『ビバリー昼ズ』に大遅刻

『THE SECOND』の準優勝後、『高田文夫のラジオビバリー昼ズ』にゲストで呼ばれた時に大遅刻をするというハプニングも。その窮地にも有吉はアドバイスをくれたそうだ。

高田（文夫）先生の『ビバリー昼ズ』に遅刻したんです（23年6月）。単純に起きられなかった。でもあの番組に限らず、どこかでは1回やっちゃってたかもしれない。あれ以来、遅刻はしていないんですけど。『THE SECOND』が終わって、割とすぐくらいのタイミングで。各所から怒られました。芸人からも、有吉さんはもちろん、サンドウィッチマンとか、ナイツとか、みんなに。「よりによって高田先生の『ビバリー昼ズ』で?」って。

その日、「起きられないんじゃないか」って悪い予感がした（マネジャーの）田中が、滝沢には電話してたんですよ。それで、実は滝沢も寝坊気味だったんだけど、間に合って。「すみません、西堀さんは起きてると思ったんです」って言ってたけど、悪い予感って当たるもんなんだね。もし2人とも…みたいなことになってたら本当に最悪でした。

ニッポン放送のスタジオには、〝スライディング土下座〟で入ったんで、高田先生の顔は最初は見えなくて。そこからゆっくり顔を上げて、「申し訳ございませんでした！」とお詫びしました。残り10分くらいで、もうどうしようもない。ただ、スタッフの人が動画と一緒にアップしたXの閲覧数が、すごいことになったということで、喜んでくれたんです。絶対ダメなことだけど、話題になったのだけは良かったなって。

いつも窮地を救ってくれる有吉さん

高田先生には、次の週に謝りに行きました。そのときに、有吉さんから「謝罪行くの？」って連絡が来たんです。「はい」って言ったら、「キャンドル・ジュンさんのロウソク持っていけよ」ってアドバイスをくれて。それで、キャンドル・ジュンさんのきれいなロウソクを買って謝りに行ったら、めちゃくちゃ喜んでくれたんです。ちょうど高田先生の誕生日で、お孫さんが来た時に、そのロウソクを使ったということで、ネタにもしてくれて。

有吉さんって、本当に困っている時に助けてくれるんですよね。ＹｏｕＴｕｂｅの「西堀ウォーカーチャンネル」も、登録者数が６００人くらいしかいなくて、にっちもさっちも行かない時に出演してくれて。厳しいこともたくさん言われるけど、人徳があるのはこういうところだよなって。

『ビバリー昼ズ』の遅刻がきっかけで、時間には神経質になりました。（マネジャーの）田中には迷惑を掛けてますね。「これは危ない」と思ったら、「ＬＩＮＥくれ。ＬＩＮＥで反応しなかったら電話してくれ」って言ってますから。田中はそれに慣れすぎて、昨日は長野県に行ったんですけど、「朝、起こしましょうか?」って。いや、3時起きだよって（笑）。

営業だと、朝7時発の飛行機なんかザラなんですが、となると6時に空港、ということは家を5時に出る。そうすると起きるのは4時ですからね。ただ、そこで起きられさえすれば、あとはコンビでとか、1人で行くから、マネジャーとしては我々を起こす係をやればいい。新幹線や飛行機に乗っちゃえばどうにでもなるんで。

『THE SECOND』で準優勝してから1年以上がたち、仕事のオファーも格段に増えた。再び芸人としての活躍の場が与えられるなかで、〝流されるままにここまで来た〟西堀の意識にも変化はあるようだ。

テレビとかに出ているマシンガンズを見て、視聴者さんが知らなかったとしても、「こういうことで出ているんだな」っていう理由はできましたよね。「『THE SECOND』で準優勝した人」っていう名刺が初めて出来たんで。それがあるかないかで、やりやすさとか、意味合いが全然違います。

とはいえ、仕事に関してはシビアですよ。番組の意図と合わなければ、次に呼ばれることはないんで。顔を見れば、なんとなく分かります。スタッフが笑ってないなあとか。バロメーターとしては、2回呼ばれたら、気に入ってもらえたのかなと思うようになったんですけど。『アッコにおまかせ！』に出演した時、本当に一言もしゃべれなかったんですよ。ラジオで有吉さんに「完全なギャラ泥棒だ」って言われて。だけどこの間、2回目呼んでくれたんです。

あれはさすがに「なんでかな」って思いました。

この年齢での再ブレイクなので、番組にハマらなかったとしても、「うまくやらなきゃ」という意識よりは、「仕方がない」に近いですけどね。もちろん、「こういうふうにやりたい」と準備していくことも多いけど、芸能人になり切れていないから、しょうがないってなる（笑）。

そうやって仕事が活性化してくると、「この先、どう活動したいんだ」みたいな話にもなるわけです。これまではそんなこと、1回も聞かれたことがなかったんで。もしかしたら今後落ちるにしても、落ちるということはちょっと上がったっていうことですから。最近は、昔からのファンと新しくファンになった人が、Xでケンカしてたりもするんですよ。そんなの、アイドルの人たちだけだと思ってたけど。23年の5月20日まではずっと無視され続けてきたのに。

『THE SECOND』以降、マシンガンズが変化

第2回大会に参加するのは、すぐ決めました。完全燃焼はしたんですよ。やり残したことは

ないし、あの時のベストはもう出ている。でも、『THE SECOND』で地上に引っ張り上げてもらったから、『THE SECOND』側から「次もお願いよ」と言われたら、それは出ますよ。恩義がありますから。

ただ、向き合い方は全然違ってて。昨年は仕事がない、貧乏人として勝ち進めたけど、今年はその戦法が効かない（笑）。単独ライブをやって、新ネタを作って準備して。50歳手前で、またネタを作るとは思っていなかったです。ネタ作りは、今は火災報知器の小林（知之）君もちょっと手伝ってくれているんですけど、3人で集まって雑談みたいに「これはどう？」って詰めていく感じ。基本、昔とあまり変わらないです。でもその作業自体がものすごく久しぶり。事務所でやっていると、スタッフに「マシンガンズ、変わったな」って感じで見られます。

それもやっぱり、目標があるから走れるんです。目標がなかったら無理。いつどこで世に出るか分からないネタなんか、作れないです。普通に働いているみなさん、常に目標ってあるのかな。生活のためとか、現状維持とかで、毎日目の前のことだけで流されてたりもするんじゃないですか? いつも目指すものがある人って、そんなにたくさんはいない気がしていて、芸人も同じようなノリなんですよ。違うのは、固定の収入がないという点(笑)。

ちゃんとネタが発表できる場があったり、締め切りがあるっていうことは、それだけで全然違う。スタッフへの不満とか、行ってひどい思いをした仕事とか、そういうのも普段からストックするようになりました。

好転しても不満は尽きない?

もし『THE SECOND』がなかったら、どう考えても「諦めて緩やかに辞めるか」の方向だったんですよね。だから、今は明日仕事がゼロになっても、「いい1年だったなぁ」ぐらいかもしれない。もちろん嫌だけど、そのぐらい焦ってもいないです。

ただ、『THE SECOND』以降、仕事をもらえるようになって毎日楽しいんですけど、改めて感じるのは、不満って尽きないもんなんだなということ。給料が上がったからといって悩みがゼロになることはないし、もっとケタ違いにお金が入る…とかじゃないと、環境なんか変わらないんだなって。決して「足りない」っていう意味じゃないんだけど、お金がない歴が長すぎて、感覚がよく分からなくなってる（笑）。でもね、みんな言ってたんですよ。売れかけたときにラーメンをチャーシュー麺にしたり、そのぐらいの贅沢《ぜいたく》しか分からないなって。なんか、手に入るって思った瞬間に色あせてくるんですよね。俺もね、ロレックスとか欲しかったの。だけど、別にそこまで「いるか？」っていう。

欲を言えば、もっとメディア露出があったらいいなとは思います。金銭的なことでは、少し前までは貧乏だったから、ちょっとでも入るとうれしかったんですよ。でも、だんだん増えたほうに慣れてきて、今、本当に俺は嫌な感じなのかもしれない（笑）。前に比べたら十分よくて、満足しているんですよ。例えば30万円くらい入ったら、「こんなにもらってうれしいな」と思ってたのに、次の月に5万円、その次に10万円増えたりしたら、そっちのほうが当然うれしいじゃないですか。どんどんこの欲が増してきて。何が食べたいとか、何が欲しいとかじゃなくて、お金に対して「もっと欲しい」って、だいぶ生意気になってきています。奥さんは高級スーパーの成城石井に入っていくようになりました。1500円するチーズを「買おう」って言うから、高いよって思うんだけど。

あとは、旅行に行きたい。韓国とか行きたいなと思って、パスポートは更新したんですが、まだケチだから、直前に決めて高い旅行代金を払うことに抵抗があって（笑）。芸人ってみんな「旅行に行きたい」って言うんですよ。売れている人は時間がなくて、売れていない人はお金がなくて、なかなか行けないんだけど。みんな、今いる場所から「いなくなりたい」っていう、逃避の精神もどこかにあるんじゃないかって思います。

崖っぷちの人生、ずっとそこにいたから怖くない

我々芸人は、お金がなくても好きだから芸人生活を送ってこられたけど、普通に働いている人たちはたぶん違いますよね。芸人は最初から荷物をほとんど持っていなくて、失うものがなさすぎる。ちっちゃなポーチくらいなんです。みなさんはいっぱいあるじゃないですか。職歴だとか、社会的立場だとか、交友関係だとか。現状に不満があったとしても、それはやっぱり、

なかなか手放しにくいですよね。

『DIE WITH ZERO』という、お金の貯め方じゃなくて、使い切り方を指南した本がベストセラーになっているみたいですが、芸人は〝ゼロで死ぬ〟以前に、その前からゼロだったりしますからね（笑）。俺なんかは本当にそうでした。

これまでは、売れない芸人はお笑い界からいなくなっていたんです。続かない。みんな辞めちゃってた。だから、お笑いライブに無名の40歳以上が出ていること自体がなかったですし、売れていない50歳とかいなかったんですよ。こういう〝居方《いかた》〟ができるのも、ちょっと世論が緩くなったというか。「ダブルワーク」みたいな都合のいい言葉も出てきたりして。

みなさんは、「そんな人生怖くないのかな」ってたぶん思いますよね。やっぱり、1度でも安全なところに身を置くと、上のほうから崖っぷちを見たら「怖そうだな」と思うじゃないですか。でも、俺たちはずっとそこに立っていたんで。みんな結構大丈夫だったりもするんです。

そんな簡単には死にません。きれいに舗装されてる道とか見ると、「貢献していないのに申し訳ございません」という気持ちにはなったりしましたけど（笑）。

『THE SECOND』以前は、卑屈になっていじけることが多かったです。滝沢がゴミ関連の仕事で忙しくしてると、「どうせ俺はいらないんだろう」とか、滝沢と一緒の仕事でも、「みんなゴミの話を聞きたいんだよな」って思ったり。『有吉の夏休み』でも感じましたけど、いらないってことは悲しいことで、必要とされていないというのは、傷つくんです。

でも、最近はお笑いの環境も幅が出てきて。だからお金にならなくても、求められる場でやるのを選択する芸人が増えていますよ。必要とされていないなら、無理してテレビを目指さなくてもいいというか。ライブに来るお客さんはいて、そこにはニーズがあるわけなので。

無理せずに、自分らしく

特に非吉本芸人にとっては、ライブはあくまで登竜門でしかなかったんですよね。ネタをきっかけにテレビに出て、有名になって、人気タレントになるっていうのが、みんなの理想のコースだった。でも、最近は「ライブで活動できれば、それでもいいんじゃないか」っていう方向に変わっている気がします。他の仕事もしているし、そこで生活費は稼げるからって。特に今は、スキマバイトとか、リモートワークもあるし、滝沢みたいに専門分野や特技がある人のほうが重宝されたりもしますから。もちろん、真っすぐ売れて、テレビの人気者になれればそれが1番いいんですけど。

僕らも自分たちで作ったグッズが好調だったり、単独ライブでも収支が釣り合ったりして、気付きはありました。若い人たちの間では、ＹｏｕＴｕｂｅで好きなことをやるのが主流になってきているから、「テレビ出演」の優先順位は、多少変わってきていそうです。

会社勤めの方も、30代、40代になると、出世できるかどうかが自分でも分かったりするじゃないですか。出世を目指すのか、我慢はほどほどに好きに行くのか。移住して暮らし方を重視する人も増えていて、お金的には下がってでも、地位とか名誉より自分の感情を優先させるっていうのも、最近の傾向じゃないですか。俺はメインストリームから外れてきたから、MCをやりたいとか、あまりないんです。自分たちが1番自信のあった時にスポットライトが当たらなかったから、どこかで達観しちゃったのかもしれませんが、ノリはちょっと似てますよね。それでいうと、我々はいち早く、自分らしい生き方をしているのかもしれないです（笑）。

兄弟みたいでもあり不思議な関係の滝沢

最後に、25年以上相棒として組んでいる滝沢について聞いた。改めて2人で活動する機会が急増するなかで、その関係性も変化してきたのだろうか。

やっぱり仕事がない時は、仲は悪くなります。うまくいかないと、どうしても自分のせいだとは思いたくないので、相手のせいにしちゃいますし。でも、常に一緒に何かをやらなきゃいけないっていう、変な関係ではありますよね。

例えば、お互いが何か言った時に、潰し合うようなことはないんです。そこまで険悪なわけじゃない。ただ、「もうちょっと滝沢がうまくしゃべってくれたらな」と思うぐらいのストレスはありました。ウケないのは「滝沢のせいじゃないか」とか、「あそこでなんでこう言わねーんだよ」とか。今思うと、自分自身に言ってるような感じもしますね。

うまくいかない時は、人間関係もこじれるものです。業績が悪いのに、和気あいあいとしている会社なんかなさそうじゃないですか。うまくいっていれば、多少のことは気にならないし、そうじゃない時には腹が立つことが多いっていうのはありますよね。相手のことを認められないというか。俺もそんな時期がありました。でも今となっては、コンビとして認め合っているし、やりたいことをお互いにやったほうがいいっていう感じです。まぁ、滝沢が講演に行く時は「俺は休みだな」とか、そういうストレスはあったけど、目くじらを立てることでもないなって。ちょっと忙しくなってきて、俺の怠け癖も若干発動してきているかも。

偶然結成してもう26年

なんか不思議ですよね。他人だけど親よりも会っていて、兄弟みたいなところもあるし、やることは共同作業の場合が多いし。だからよく「どういう関係ですか」って聞かれるけど、うまく答えられないです。確実に人生で1番会っている人ではありますけど。

共通の敵が見えると結束できるんですよ。「ウケない」もそうでしたね。ウケないっていうでっかい敵に向かって、団結していました。その敵が見えづらくなってくると、お互いのあらが見えるのかもしれない。だから、適度なストレスは人間関係にいいのかもしれないです。

経験を重ねて年を取ったら、スべったりした時に、それが自分自身に向くようになりました。「俺があありうふうに言っておけばな」とか。今までは「なんで滝沢、俺に振ってくれないんだ」とか思っていた時期もありましたけど、今は、お互いの手の内が分かってきて、得意な部分や苦手なことも把握できているから、そこに対するイライラは減りました。

結成したのは本当に偶然で、選択肢もないなかで組んだけど、もう26年も一緒にやっている。決してギャンブルではなく、吟味して組んでも、コンビ別れする人はいるじゃないですか。だから分からないですよね。同級生コンビだって解散するし。

でも、よく考えたら俺も滝沢も、王道じゃないところを選ぶっていう性質は共通しているんです。芸人を目指すなら、普通は吉本に行きますよ。金がないという前提があるにしても、ユーモア講座に行っている時点で、ある程度スクリーニングされていたのかもしれないですね。今となっては、自社運営の劇場が各地にある吉本の強さをひしひしと感じていますけど（笑）。

第3章

滝沢秀一の思い

芸人としての仕事が減ったため、やむなく始めた
ゴミ清掃員をきっかけに専門家としても活躍している滝沢秀一。
芸人の道が再度開けた今、
2つの仕事についてどう考えているのか。

近年はマシンガンズとしての活動に加え、ゴミ清掃員としてWワークを実践する滝沢秀一。ゴミや環境問題に関する専門家としても活躍の場を広げている。もともとは爆笑問題やビートたけしに憧れて、学生時代からお笑いにトライしてきた。まずは、マシンガンズ結成当時のネタ作りや芸風の変遷などから振り返ってもらった。

最初は僕がボケでしたね。それは立候補して、5年ぐらいやりました。なかなかウケなくて、その後に「変えよう」というのは、西堀から提案してきたと思います。「ツッコミやらないか？ 俺がボケやるから」って。22歳から始めて、30歳くらいまでは模索していました。コンビになる前に、ピンでやってみた時期もあるし、マシンガンズを解散していたらもう芸人の道は諦めていたかもしれません。

僕が若かった頃は、30歳になっても売れてないでやっている人って「頭おかしいぞ」と思っていたんですよ。「何してんだろ、この人は」って。最初は、自分たちが「芽が出なかったらどうしよう」みたいなことは考えていませんでした。でも、コンビを組んで3年目の2001

年に『M-1』が出来て、当初の出場資格が「結成から10年未満」だったので、そこからはなんとなく「10年」という目安は意識したかもしれないです。20代の頃は稼げていないし、ウケないでネタを作るのもツラくなってきて。ウケていて売れないんだったら可能性はありますけど。正確に言うと、3回に1回ぐらいはまあまあウケるんです。でも、1回はドスベり。そんなのを繰り返すんですね。

ダブルツッコミが異常にウケた

僕は前から「ダブルツッコミをやろう」と提案していたんです。だけど西堀が「こんなの見たことないからダメだ」って言うから、そのまま温めていて。それで、もう辞めようかという話になったときに、どうせ辞めるんだったら、「ダブルツッコミをやってみようよ」とお願いして。2人でネタの形にして、途中で客の悪口とかも言ったら、それがウケたんです。新宿のSPACE107（現在は閉館）で、「太田プロライブ」だったんですが。

会場が揺れましたね。初舞台の時に近いような形で。もう異常にウケたんで、またやろうと。

ダブルツッコミに関しては再現性があって、月1回の太田プロライブで6カ月間くらい1位になりました。メジャーリーグとマイナーリーグみたいなのがあって、投票によって入れ替わる形なんですけど、それまでは行ったり来たりしていたんですよ。それが、メジャーで毎回1位になって。06年~07年の頃です。そこから少し光が見え始めました。

『爆笑レッドカーペット』の藪木健太郎さんは恩人

オーディションにはいろいろ行っていました。でも、やっぱりなかなか通らなくて。『爆笑レッドカーペット』の夜中バージョンの『爆笑ピンクカーペット』の2回目が、テレビでのネタデビューです。07年の6月だったので、9年目ですね。そこから『レッドカーペット』にも呼ばれるようになりました。

『レッドカーペット』の演出・プロデューサーだった藪木健太郎さんは、恩人ですね。太田プロライブで僕らを見つけてくれて、「オーディションに来ないか?」って言ってくれたので。ダブルツッコミをやり始めた頃、僕はツッコむ時に手を挙げるのがいいと思っていたんだけど、西堀は挙げないほうがカッコいいって言って、バラバラでやってたんですよ。それで藪木さんが、「テレビで1分間の短い間にバッと見せるのであれば、2人で挙げたほうがいいよ」って、今の形を作ってくれました。毎週出ていたらネタがなくなるから、1カ月に1回程度にしようとか、そういうペース配分も考えてくれて。藪木さんとは、『THE SECOND』の後に、『ザ・ベストワン』や『賞金奪い合いネタバトル ソウドリ～SOUDORI～』で「久しぶりだね」という感じで再会できてうれしかったです。

スポーツバラエティのオーディションにも行きましたね。僕のプロフィールの特技に「器械体操」って書いてあるんです。それでいくつも行ったけど、走れなかったり、棒高跳びとか全然できなくて、手を叩いて笑われたこともあります。CMのオーディションも、チャンスがあるかもと行ってたけど、1回も引っかからなかったな。オーディションって行っても仕事ではないから0円じゃないですか。お台場方面は交通費が高くなるので、文句を言ったりして。

『エンタの神様』は週1回通って、そのたびにネタを直して、出られるまでに1年くらい掛かりました。『エンタの神様』は制作側の意図が明確なので、「自分たちのやりたいことは他でやってくれ」って、はっきり言われましたね。最終的に「MAXめんどくせえ！」のフレーズを、出された3つの候補の中から選んだんです。西堀はちょっと嫌がっていたかも。でも、地方に行った時に子どもたちが「MAXめんどくせえの人だ」って言うくらい世間に浸透したんで、それはやっぱりよかったなと思います。

ネタ番組にしか呼ばれず焦り

07年には『M‐1グランプリ』で初めて準決勝に進出。この頃から仕事での上昇気流を感じたという。

06年までは、『M‐1』も大体2回戦で落ちていたんです。だけど、07年に初めて準決勝に行けて。その当時は、準決勝に行くだけで仕事が増えたんですよ。そこから、お笑いの仕事ができるようになって、楽しくなりました。でも、トーク番組には呼ばれなくて、ネタしかやっていなかったです。どこまでも並列というか、ステップアップしていく兆しがないような。ネタを作るだけで手いっぱいだったので、そこまで余裕はなかったんですが。他の芸人たちが『踊る！さんま御殿!!』とかに出ていたりすると、「あいつら出てるよ」ってなったり。周りと比較すると、やっぱり焦ったりはするんですよね。

『レッドカーペット』や『エンタの神様』が終わったら、自分らも出番がなくなるっていう危機感は多少ありました。だから、修行じゃないけど、漫談みたいな感じでピンでネタをやったりもしましたよ。いつものキレ芸のネタとは別に、〝すべらない話〟的なものを持っておいたほうがいいんじゃないかということで、ちっちゃいライブに出たり。

他には、モノマネにも挑戦しました。『とんねるずのみなさんのおかげでした』内のコーナーだった『細かすぎて伝わらないモノマネ選手権』のオーディションに数人で行ったり。僕の顔が柴咲コウさんとか、秋野暢子さんに似てるって言われて。でも、全く向いてなかった。全然ダメ。面白くないし。それ以外にも、日テレとかのモノマネ番組のオーディションにも行きましたね。インスタントジョンソンのゆうぞうさんたちと一緒に行ったことがあって、その時、ジャスティン・ビーバーのモノマネをするヤツがいたんですよ。ゆうぞうさんが練習していたら、その人がいきなりゆうぞうさんの背中をバチーンって叩いて、当時CMでやっていた「やっちゃってる?」みたいな感じのセリフを言い出して。そうしたらゆうぞうさんが「やってないよ」ってめちゃめちゃキレて、「何?」ってケンカみたいなのが始まっちゃった（笑）。それを止めながら、「モノマネの人ってやっぱり感覚が違うな」って思いましたね。1発ギャグをちょろっとやったりもしたけど、全然楽しくなくて。やっぱり合っていないんでしょうね。

僕らは大切なところで詰めが甘い

お笑いの仕事ができるようになってうれしかったけど、僕らは詰めが甘いところがあったのかもしれないです。例えば『M-1』は、ラストイヤーの08年も準決勝まで進めたんですが、あと1歩のところで大きく外してる。あの頃の『M-1』って減点方式に近くて、最初から最後まで全員ウケているんですよ。制限時間の4分、全部ウケているのが当たり前。うちらはあと1個の部分が抜け落ちていたりして。心当たりがあるから、前日の時点で不安ではあるんですよ。それで当日「やっぱり当たらなかったな」ってなったりして。ちゃんと埋めていたら、人生変わったのかなとか。詰めが甘いよね。

07年くらいからマネジャーも付いて、個別に話ができるようになったのは良かったですね。「こうしたい」とかっていう話ができたりするから。19年くらいまで長く担当してくれていた本間（隆志）さんは、西堀の1歳下で僕の1歳上だから、間に入る形で友達みたいな感覚だったんですよ。意外とムカつくことも言うし、飲みに行ったりもしていました。ゴミ関連の仕事が増えた時には、「こういうことができないかな」とか、一緒に考えたりもしてくれて。壁打ちの感覚で、返ってきたものに対して、また違うことを考えられる。やっぱり、仕事の内容を分かってくれている人がいるのはありがたいです。

本間さんが、当時広末涼子さんのモノマネで人気だったおかもとまりさんも担当していて、よく一緒に営業に行ってましたね。例えば全部で20分持ち時間があったとして、おかもとさんが8分やってくれたら僕らは12分、4分で終わったら16分とか、時間調整で時計を見ながらネタをやって。そういう後輩の穴埋め的な仕事って、「嫌じゃないの？」みたいに言われるけど、僕は全然そういうのはないんです。気にならない。金さえ入ってくれれば何でもいいです。うん。

営業といえば、パチンコ店は苦手でした。形式上、ネタもやるんだけど、音がデカイからお客さんは何にも聞こえてないの。ネタが終わった後には「島周り」っていって、イベンターさんがパチンコやっているお客さんの肩をトントンって順番に叩いていくんです。「なんだ?」って振り返るでしょ。で、僕らがいるんですよ。「マシンガンズが来ましたよ」ってことをみんなに知らせていくんだけど、みんな僕らのことなんて知らないんです。誰も喜んでない。こんな恥ずかしい仕事ないなって。なかには怒ってる人もいるし、気分のいい人でもきょとんとするし。あの頃はパチンコ番組も多くて、よく行ってましたね。グラビアアイドルと一緒に打って、「出たー!」ってでっかい声出すから、声が枯れるんです。

本間さんともう1人、荻野さんっていうマネジャーがいたんですけど、ダメ出しの時に、火災報知器の高松(信太郎)君の格好を見て「何それ、ジャージ?」って。いつ呼ばれても舞台に立てるような格好を普段からしておかないとダメだって言ってたのが印象に残ってて。昔は急に呼ばれて、突然舞台に上げられるとかよくあったんです。だから、一応普段から、人前に出ても大丈夫な格好みたいな感じでは意識するようになりました。若い頃はジャージで新宿まで行ったりしていたから、余計に荻野さんの言葉が響いたのかもしれない。

ネタブームが終わり、世代交代の波が

順調に思えた局面が変わるのは2010年頃から。『爆笑レッドカーペット』や『エンタの神様』が終了し、徐々にテレビの仕事が減り始めてきたという。

今後も上っていけるという感じではなかったけど、『レッドカーペット』や『エンタの神様』があるうちは大丈夫だと思っていました。最後の『M－1』がダメだった時も、『エンタの神様』のイベントがあったり、営業にも呼ばれたりして、仕事はいろいろともらえていたので。『ザ・イロモネア』みたいなネタ番組や、地方の番組に出演したりとか、充実はしていました。だけど、どうやら番組が「終わるらしいぞ」という噂が流れてきてからは、ヤバイなと思っていました。実際には両番組とも10年にレギュラー放送が終わるんですけど、番組に出ていなけ

れば営業も入らないですし、どうにかしないといけないなと。

オーディションも次の世代が中心で、僕らが対象じゃなくなってくる。要は『レッドカーペット』に出ていた人たちって、色が付いているから、次の番組には呼ばれなくなるんです。メールでオーディションの募集要項を見た時点で、「あ、これは受からない」と分かるんで、そうなったらもう行かないですよ。潮の満ち引きで言ったら、引き潮は半端なかったです。僕らでアレルギー反応を起こしているみたいな。まあそのぶん、ブームの時はいい思いをしたんでね。そうこうしているうちに、ライブ会場でもこれからの人たちが台頭してきて、僕らは出にくくなって。名前を呼ばれた瞬間に「これ、スベってんな」って分かるんですよ。客からしたら、僕らよりお目当ての人が見たいわけで。もうほんと、正直ですよ、客は。

真綿で首を絞めるように少しずつ活動の場が減って

一気に仕事がなくなるというわけではなくて、徐々に始まるんですね。真綿で首を絞めるように、ゆっくりゆっくり。本当に少しずつ、活動の場が減っていく。また、後輩も結果を出してきたり。その頃、アルコ&ピースやタイムマシーン3号が太田プロに移籍してきたんです。アルコとは番組を一緒にやっていて、最初は僕らがMCで始まったけど、後半はアルコがメインになってました。そういう流れかって、分かりますよね。「今日から交代」っていう感じではないけれど、オンエアを見るとアルコのほうがたくさん出ていて、「やっぱりか」と確信するという。その頃はもうずっとね、金のことしか考えてない。

仕事をする上ではスタッフとの付き合いも大事だと思うけど、僕の場合は人に興味があるんです。なので、挨拶プラス一言しゃべるみたいなことは心掛けていますけどね。盛り上がったら楽しいし。スタッフと飲みに行ったりもしますよ。どうしたらこのネタがもっとウケるようになりますかね、みたいな相談をすると、あちらもしゃべりがいがあるかなとか。でも、飲みに行ったからといって、仕事につながることはないですけどね。

やっぱり、いいスタッフと悪いスタッフがいるんですよ。人のことをバカにしてるなって人もなかにはいるから、それを判断するためにも、プラスアルファでしゃべる。嫌なスタッフに当たった時は、もう、1日だけ仕事をすればいいんだからっていう感じで割り切って。何をしたいのか分からない人も困りますね。「こうしたい」という目的やビジョンがなくて、現場に決定権もなくて、上から言われたものをそのまま全部撮るような。あちらにはあちらの都合があるんだろうけど。

「これを見て誰が笑うんだろう」って思うようなことも、とりあえず台本通りやったりして。それでも「見たよ」と言ってくれる人もいるから、一概に「悪い」とは言えないんですけどね。そういう仕事も結構やりました。少し前に、あまりいい思い出のなかった人が退職するから、お祝いをやろうみたいな連絡が来たんですよ。僕らのことなんか、別に何とも思ってなかったような人なのに。断りましたけど（笑）。なんで連絡してきたんだろうって、謎でした。

西堀主導でネタ作りした時期も

コンビとしての活躍の場が狭まるなか、再起を図って2人はもがき始める。西堀からの提案で、これまでになかったスタイルのネタ作りに挑戦したこともあったという。

焦りはあるんだけど、でもやることもなくて。そんななか、11年から『THE MANZAI』が始まるんです。そこでちょっと、目標が出来た。周りも結果を出してくるんですよ。第1回では、先輩のHi-Hiが決勝に進出して。第2回では、ライブ仲間のハマカーンが優勝したんです。ずっと一緒にやってきたハマカーンが、現実にこうやって日の目を見たっていうことに刺激を受けました。

第2回では、僕らも本選サーキット(=準決勝)に出られる認定漫才師の50組には残ったんです。どこかで僕が1個ミスしたのかな。終わった時に、西堀が「1年間、俺に任せてくれないか」って言い出したんですね。どういうことかというと、ハマカーンの浜谷(健司)がカンちゃん(神田伸一郎)にそれを提案して、優勝したんです。それと同じようにさせてくれないかっていうことで。それで1年間、西堀に全部任せました。

僕らのネタで『羅生門』『蜘蛛の糸』『走れメロス』をテーマにした「文学3部作」っていうのがあるんですけど、それはこの時に出来たものなんです。僕も相談を受けてはいたけど、ボケだとか主導権は全部任せて、西堀がやりたい形で作ったネタ。ダブルツッコミは、お互いに腹の立つことなんかを持ち寄ったりしていたので、西堀が1人でっていうのは珍しい形なんですよ。『羅生門』のストーリーになぞって、「こんな話、現代にもあるぞ」って、OLに当てはめるようなネタ。『蜘蛛の糸』は、今年3月の単独ライブでもやりましたし、いまだに好きでやっていたりして。

いろいろ試してみたんですけど、明確な結果は出なかったんです。マシンガンズにとってない歴史ではないのかもしれないけど、何もしないよりはよかったのかなと。西堀は「あんまり結果が出せなくて悪かったな」って言ってました。

仕事がうまくいっていない時は、2人の関係性もギクシャクして、一触即発っぽい雰囲気になったこともありましたね。『爆笑オンエアバトル』でスベって、舞台袖で「オマエが悪い」みたいな感じで、ギリギリまで顔近づけてケンカしたこともあるし。西堀がキレることもまああ、ありました。

マスク姿で悪口を言う漫才で怒られた

『THE MANZAI』では、第4回の14年にも認定漫才師になれたんです。結局、決勝には出られなかったけど、僕は賞レースでのヒリヒリする感じが嫌いじゃなくて。同じ賞レースでも『キングオブコント』だったら芸歴制限がないから、コントもやりたかったんです。ライブで少しやってみたことはあったんですよね。ダチョウ倶楽部のリーダー（肥後克広）には、僕らが11年に出版した『女はみんな同じ教科書を読んでいる。』（幻冬社）をベースにしたコントを「やってみろよ」と言われていたので、コントのネタを作ったんですよ。1回目はすごくウケたから、「じゃあもう1回やろう」と2回目をやったら、大スベリして。西堀が女装の服を脱ぎながら舞台袖でその衣装を投げ捨てて、以来、もうやらなくなりました。

怒られたことだと、太田プロライブで2人でマスクを被って、タレントの固有名詞を出して悪口を言う漫才をやった時ですね。マシンガンズではないという設定で、マスク兄弟みたいな感じで、タレントを名指しで「こんなことがあった」って、ちょっと盛ってしゃべるっていう。

袖の芸人にはすごくウケたんだけど、終わった後に社長がやってきて、めちゃくちゃ怒られました。そこらへんは、お笑い的なセンスはないのかもしれないです。本当に言ってはいけないことまで言っちゃうとか。ストッパーがいないというね。

清掃会社に就職、「これでお笑いが続けられる」

なかなか再浮上のきっかけがつかめないなか、12年に後の仕事につながる大きな転機が訪れた。滝沢は子どもができたことをきっかけに、生計を立てるため清掃会社に就職したのだ。それは「芸人を続けるため」の苦渋の決断だった。

子どもができてうれしかったんですけど、目の前の現実として、本当に金がなかったんです。確か、西堀には言わないまま、ナイツの番組のフリートークコーナーでしゃべったんじゃないかな。「就職したわ」って。バイトみたいなニュアンスで、ゴミ清掃の仕事をやっていることは事前に伝えていたんですが、非常勤から常勤になって、それで。西堀はびっくりして、何も言ってこなかったです。

アルバイトって35歳までがほとんどで、36歳を超えると全然見つからかないんですよ。芸人仲間に聞いても「俺もクビ切られそうだ」みたいな話ばかり。それで、たまたま芸人を辞めたヤツが清掃会社を紹介してくれたんです。

「ラッキー！」と思いました。「仕事が見つかった。これでお笑いが続けられる」って。奥さんも、お金さえ持ってくれれば「別に何をやってもいいよ」という人なので。なんとか首の皮1枚ギリギリ。「お笑いできるわ、俺。仕事、よく見つかったな」って。普通の人が聞いたら、ワケの分からない状態ですよね。

もう、体力的にはめちゃめちゃハードなんですよ。昼間ゴミ清掃やって、夜はライブに行って。当時は、少なくとも週5で働いていました。芸人の仕事はライブくらいなもんでしたからね。月曜から土曜は通常勤務ですが、日曜に出勤すると1万3000円とかで、少し多くもらえるんです。だから、日曜も積極的に（笑）。ラジオのレギュラーはありましたが、夕方からのものだと普通に間に合う。昼間の早い時間の収録の時は無理で、正直、ゴミ清掃のほうが金になるから、ラジオ収録よりゴミ清掃に行きたかったです。

そのくらい、金を集めるのは本当に大変でした。高齢出産だから、プラス40万円ぐらい稼がなきゃいけなかったりして。特典で3000円分のポイントがもらえるからと、クレジットカードもいっぱい作ったし、アンケートに答えたりとか、ポイ活とか、生活のなかで少しでも金になることはいろいろやりました。

40歳で売れたいとうあさこさんに希望

こうなると、お笑いは趣味というか、草野球みたいなニュアンスですよね。たまの日曜日に、気晴らしに野球をやるのと同じような感じ。だって、この時はお笑いで稼ごうと思ってないですもん。「何かあるかもしれない」とは思っているけど、それが何なのかも全然見えない。

だって、作って持っていったネタがウケないんです。ウケるのは、楽屋の話とか、お笑い界のニュースとか、ネタに入る前にしゃべることだけ。ネタになったら急にスーンとなる。これが『THE SECOND』前につながるんですけど、最初にしゃべる分数がどんどん延びて、そのうちにネタは何も持っていかないでしゃべるようになりました。

こんな感じだけど、お笑いを辞める気はなかったです。それこそ、キレ芸の前の時期のほうが辞めようかなと思ってたかな。僕らがコンビを組んだ頃は、30歳になってまで売れない芸人をやっているのはおかしいという空気感がありましたけど、その価値観もだんだん変わってきていて。いとうあさこさんが40歳くらいで売れたんですよね。だから〝40代若手時代〟が来たというか。今は40代なんか当たり前で、錦鯉の長谷川（雅紀）さんは50歳で売れて、もう、みんなすぐには諦められない時代になっていますけど。

だから、今後ブレイクできるかなんて分からないけれど、続けていれば何かしらあるかもしれないって。僕は、子どもが生まれることによって「辞める」っていうことをしたくなかったんですね。後輩とかにも、子どもがいてもお笑いは続けられるっていうのを見せたい気持ちがあって。昔、親父が歌手を目指していて、「オマエが生まれることになったから諦めたんだよ」

と言われて、ショックだった記憶があるんです。「あ、俺きっかけで辞めたんだ」ってはっきりと覚えていて、そういう思いはさせたくないっていうのはありました。両立できるんだということも、ちゃんと身をもって示したいと思ったし、そういう意味で、辞める選択肢はなかったですね。どちらかといえば、辞める人の勇気のほうがすごいと思う。どうしてそんなにすっぱり辞められるんだろうって。

でも、ゴミ清掃の仕事は1~2年ぐらいたつと嫌になってきました。ハードだし、クレームもすごいんですよ。「やりたくないな」と思っているなか、分別していないヤツもいるし、そのまま持っていったら僕が怒られるし。「何で分別してないんだよ」とか日々思いながら、だんだん嫌気が差してきました。

最初のうちは「仕事があってラッキー」と思っていたのが、生活ができるようになってくるとありがたみが薄れてきて、今度は「お笑いの仕事がやりたいんだ!」って言い出すんですよ。本当はお笑いだけで食えたら1番いいですからね。人間ってないものねだりですよね。

芸人仲間って素晴らしい

でも厳密に言うと、お笑い自体が好きというわけじゃないんです。これはコロナ禍で実感したんですが、その頃はライブで他の芸人と接触しないように、時間差でずらして行くという形でライブを回していたんです。楽屋には誰もいないし、ネタだけやって帰る。客席を見ると、ウケているっぽいけど、マスクをしているから本当に笑っているかはよく分からない。そうすると、なんにも面白くなくて。やっぱり、楽屋で芸人仲間としゃべっているのが楽しかったし、お客さんの笑っている反応がうれしかったんですよね。だから、その楽しみがないんだったら、別にやってもなんにもならないなって。たくさん金くれるんだったらやりますよ、仕事として。だけど、ライブで1000円もらってネタだけやって帰るんだったら、全然続けたくない。喜びがないし、好きじゃないです。

芸人仲間って素晴らしいんですよ。ギャンブルでスって、1カ月どうやって生活しようって言ってるヤツがいて、そうしたら1人が「しょうがないな、2万円貸してやるよ。俺、今月バイトで14万円稼いだから」って。14万円のうちの2万円貸すって、僕も含めて、普通の人だったらできないですよ。そのくらい、みんな優しくて頭がおかしい。若手ばかりで、僕が入っていったら「ベテランが来た」って感じで急にみんな黙るとか、「居場所がないな」っていう時もありますけど、それはどこの社会でも一緒じゃないですか。そういう時は、エルシャラカーニとか、端っこに追いやられたおじさんたちで飲みに行ったりして。芸人で仲悪い人って、いないですよ。だから、いじめられて悲しい思いをしている子とか、みんな芸人になったらいいと思う。上下関係もしっかり教えてくれるし、仲間みんなで手を差し伸べて助けますから。

周りの芸人としゃべっているのが楽しいっていうのと同じで、ゴミ清掃はゴミ清掃で居心地はいいんですよ。仲間とかもできてくるんで。16年には、2人目の子どもが生まれるんです。そうなると、また訳が違くて。その頃は、安定的な金をちゃんと稼ぐために、週6回必ず仕事があって、休んじゃいけない粗大ゴミを専門でやっていました。

日本一のゴミ清掃員になる決意

最初はゴミ清掃員として働いていただけだったが、後にゴミの専門家としてメディアで飛躍することになる。ゴミの道を極めようと考えたきっかけは、「M-1」チャンピオンのサンドウィッチマンだった。

ある時『アメトーーク!』を見ていたら、サンドウィッチマンが出ていたんですけど、司会者の位置から遠い席に座っていたんですよ。2列目の後ろのほうで、周りもすごいメンバーばかり。『M-1』チャンピオンでもあそこなら、何者でもない僕は「座るところがないな」と思ったんです。そこで改めて、「これはやっぱり俺は無理そうだ」って。サンドウィッチマンとはそれほど接点はなかったんですけど、大体同期なんです。トップで頑張っているサンドがあの位置なのか…って、愕然としました。

「売れてバラエティで活躍するなんてことは今後ないな」と思いながらゴミ清掃をやり続けるのは、なかなかに苦痛なわけで。お笑いの希望もない、やりたい仕事でもないっていう。もう、心を保つのが大変なんです。

そこで、今やっていることに集中するしかないと思ったんですよね。自分が今やっている目の前のことって何だろうと考えたら、それはゴミ清掃。サンドウィッチマンが『M-1』で日本一の漫才師になったんなら、じゃあ僕はもう、日本一のゴミ清掃員になろうかなって。意識の変革ですが、そう考えないとツラくて生きていけなかったです。

別に大会があるわけでもないから、「日本一のゴミ清掃員ってなんだ?」というところから始めましたが、そこからゴミの見え方が変わってきて、仕事に取り組む姿勢も変わったんですよね。分別してないものを見て腹を立てるって、日本一のゴミ清掃員じゃないなと思って。分別していないのは、わざとなのか、ルールを知らないからなのか。それも、だんだん分かるようになってきて。ペットボトルにシャンプーの空き容器が入っていたとして、これはリサイクルする気が最初からないのか、それとも知識がないだけなのか。リサイクルする気がない人に何かを言っても、無理なんです。だけど、知らないだけなら、教えてあげたらルール通りにやってくれる可能性がある。それで、Ｔｗｉｔｔｅｒ（現X）での発信を始めたんです。それが、16~17年です。

ゴミ清掃員の〝あるあるネタ〟を毎日投稿

その頃、バラエティでも特技だったり、専門知識や資格を持っている芸人が重宝され始めていたんですよ。だから、いつか何かの番組の1コーナーに出られたらいいな、ぐらいの気持ちで〝ゴミ清掃員あるある〟みたいなことをストックするようにして。ある時、何気なくゴミのことをTwitterで投稿したら、有吉(弘行)さんがリツイートしてくれたんです。もう、1発目に。やっぱり拡散力が半端なくて、たくさんの方に読んでもらえました。それで、ゴミ清掃員のあるあるネタで括ってツイートしたら、それもすぐにリツイートしてくれて。有吉さんが喜んでくれるならと思って、毎日投稿するようになりました。

僕は小説を書いたりもするので、場面を切り取る感じで描写するツイートも上げていたんですけど、そういうのはあまり伸びなくて、ゴミ清掃員のあるあるネタみたいなパッケージにしたほうが、みなさんコメントをくれるんですよね。有吉さんは「こういう方向がいいんじゃないか」とか、要所でアドバイスをしてくれて。たまに芸人精神を出してふざけたりすると、

「そういうことじゃない。ちゃんと誠実にゴミのことを語らないとダメだ」とか。

有吉さんのおかげで、ツイートが拡がるのはすぐでした。少したってから、白夜書房の人から「もう本とか決まっているんですか?」とDMが来たんです。いきなり本人に聞いてくる感じが、現代っぽいなぁと思いました。それが形になったのが、ゴミ関連の書籍の第1弾となる『このゴミは収集できません ゴミ清掃員が見たあり得ない光景』(18年9月)です。そのもう少し後に、講談社からマンガ『ゴミ清掃員の日常』(19年5月)を出したんですけど、それは事務所にオファーをいただいたのかな。担当者お2人とも、『有吉弘行のSUNDAY NIGHT DREAMER』のリスナーなんです。ゴミでまた別の世界に行けたのは、本当に有吉さんのおかげです。

最初の『このゴミは収集できません』は、すぐにベストセラーになりました。僕は以前に小説とかも出していて、当時は全然売れなかったから、その時と同じく「初版分もらえればいいや」と思っていたんですけど。

ゴミの専門家としてテレビからオファーが

テレビにも呼ばれるようになったのは予想外でした。どこかの番組の1コーナーに出るくらいの気持ちでいたら、「30分お渡しするので、どうやって番組を作りましょうか」みたいに、急に話が大きくなってきて。テレビは久しぶりすぎるし、これまではネタ番組しかやっていないから、バラエティ番組は感覚が分からなかったです。『有吉弘行のダレトク!?』に出演した時は芸人っぽくしゃべって、現場で有吉さんに「1人だけ声量がデカイから」って注意されました。その時は、お金持ちのゴミについてがテーマだったんですが、「それを聞きたいんだから、ゴミのことを静かにちゃんと話して。大袈裟にやらなくていい。最後にちょっと笑いがあればそれで十分だ」って指導されて。もうゴールの前にボールがある状態なんだから、急にオーバーヘッドキックなんかしようとしないで、ちょんと蹴って押し込めばいいんだって。

ゴミ清掃員としての出演は、本来の芸人としてのやりたい形ではないけれど、意外とみんな喜んでくれるんですよね。ただ、全然面白いことを言わないし、いつもと違うから、周りの芸人は戸惑うんです。でも、有吉さんに言われたことを守ったほうが、需要と合致して仕事につながる。いまだに難しいんですけどね。あと、もうその頃には、本当に日本のゴミを減らしたいっていう僕自身の思いも高まってきているんで、それが広がるのは素直にうれしかったです。しばらくすると、ゴミの講演会のオファーも入ってきて、収入面は賄えるようになりました。

海外からの取材も受けましたよ。ニューヨーク・タイムズや、中国のメディアも。昨年は南ドイツ新聞で「世界が注目した日本人100人」に選ばれました。南ドイツ新聞では、ゴミのことだけじゃなくて、芸人としての部分についてもたくさん聞かれて。通訳なしではまだまだ難しいですが、今後のために英語も勉強しています。英語だと「ゴミ清掃員」にしてもいろんな呼び方や表現があって、難しいところなんですけど。海外から日本に来る人が増えていますし、関心も高まるはずなので。

コロナ禍での投稿が小池百合子都知事の目に留まり

今は、清掃員の仕事は行けても週に1回くらい。もはや好きでやっている感じで、ライフワークです。日本のゴミを減らしたいって気持ちが本当にあるし、あとは運動にもなって、リフレッシュできるんですよ。金ももらえるしね。休みを作ってでも出たいです。マネジャーの田中には、仕事が空きそうなタイミングがあったら「この日は取材を入れないで。ゴミ清掃行ってくる」とかお願いして。僕は、芸人と他の仕事の区別はそんなにしてないです。芸人の仕事も、ゴミ清掃も大切で、全部が僕の人生というか。何でも一生懸命やる、それぐらいのパワーをつけないと。1個できないヤツは2個できないからね。

ゴミ関連の仕事で引っ張りだこになるなか、20年にコロナ禍に。順調だった活動もストップする。

20年に入ってすぐコロナ禍になって、また違う局面を迎えました。その時は、急に全部の講演会が中止になって、お笑いのライブも自粛生活に入ってできなくなったんです。どうしようかなと思ったけど、ゴミ清掃員として働くしかないので週6回出ていました。当時は情報も錯綜していて、とにかくコロナが怖いんですよ。病院の治療で使用した注射針やガーゼがあるじゃないですか。コロナ禍の使用済みのマスクとかは、そういう病院の感染性廃棄物と同じなわけです。病院から出るものは厳重に守った状態で出されますけど、家庭から出るものは、別に普通のゴミと区別する義務はなくて。

でも、回収するのは生身のゴミ清掃員です。その時にめっちゃ怖くて、Ｔｗｉｔｔｅｒで発信するようになりました。みんな、使用済みマスクをゴミ集積所に捨てて帰ったりするんですね。誰かが怖い思いをしているっていうことも知ってもらいたかったですし、捨て方に注意してほしいっていうのをマンガにして。

そうしたら、それが東京都知事の小池百合子さんの目に留まって、東京都が発信するライブ配信での対談（20年5月10日）につながりました。お話が来た時は、びっくりしましたよね。リモートだったので直接はお会いしていないんですけど、緊張しました。小池さんに「今日は秀一さんとお呼びします」なんて言われて。僕は好感を持つし、周りの印象にも残るし、これが政治家の人の心をつかむ技なんだなって、後から思いました。「秀一さん」なんて、誰からも呼ばれたことがないよ(笑)。

「サステナビリティ広報大使」にも就任

一連の流れで、当時環境大臣だった小泉進次郎さんからのオファーで、「サステナビリティ広報大使」にもなりました。小泉さんはゴミ問題を本当に考えていて、横須賀でやったゴミフェスに「スケジュールを合わせて会いませんか?」みたいな形で来てくれたりとか。直接電話が掛かってきたり、ショートメールで連絡が来て、徳島県のゴミ施設にも「一緒に行きませんか?」と誘われました。結局行けなかったんですけど。いまだに僕の名前を出してくれたりして、仕事熱心で情に厚い方ですよ。

ゴミに関しては、時代性というか、もしこれが20年前だったら、それほど受け入れられていないんじゃないかと思ったりもして。ゴミの話の本って、僕の前にも書いている人がいるんです。でもその当時、売れたのかどうかは分からない。僕も持っているんですが、言っている内容はそれほど変わらないんですよ。僕はたまたまみなさんに支持してもらえて、話題になりましたが、ＳＤＧｓへの取り組みとか、「サステナブル」という言葉が浸透した今だからだったのかもしれないとは思っています。講演会も、コロナが落ち着く頃から復活して、バンと増えました。

コンビを解散したところでメリットがない

ゴミに関する仕事が好調に広がり続ける一方で、芸人としての再浮上はかなわないまま。しかし、滝沢のなかに「解散」という考えは全くなかったそうだ。

ラジオは続けていました。そこで２人で会って。だから、ラジオがなかったらマシンガンズは危なかったかもしれないです。週に１回は必ず会っているから、そこでマシンガンズは続いているんだというのを目視というか、確認できたので。

『60ＴＲＹ部（ろくまるトライぶ）』という番組なんですが、毎週、ミュージシャンやアイドルがゲストに来るんです。いつも思っていたのが、芸能界で売れるのって奇跡なんだなって。

すでに売れている人は別なんですが、無名でこれからというゲストが、その後に売れた例をほとんど見たことがない。だから、ちょっと嫌な感じの人でも「どうせこの世界に残らないだろうな」くらいにしか思わなくて、腹も立たなかった。僕はすぐに割り切りました。

このラジオは反響が分からなくて、難しかったですね。卑屈かもしれないですが、マシンガンズだって無名なわけです。例えば、アイドルとかにもきつく当たったほうが絶対面白いんですよ。だけど、それを売れていない者同士でやっちゃうと、わけが分からない。向こうの受け方が上手で、こっちのやり方も良ければいいけど、失敗したら生意気に見えて怒られるだけ。それだったらもう無難に、「次の目標は」とか「今ハマっていることは」って淡々と聞いたほうがいいだろうなって。決して手を抜こうとか、楽をしようと思ってそうしていたわけじゃないんですけどね。

コロナ禍の頃、ニュースを含めて、テレビ番組にはいっぱい出たんです。でも、ゴミのことしか話していない。割合は、10対0。芸人としての仕事はゼロです。

西堀とはラジオの時に会っても、マシンガンズをどうしていこうみたいな話は、一切していなかったです。希望がないというか、どうやって売れたらいいか分からないですし。コンビでゴミのネタをやってみたらとも言われましたけど、西堀はゴミ関連の仕事をやっていないから、やっぱり乗りづらいですよね。ただ、続けていれば何かがあるかもしれない。あとは、マシンガンズというコンビとして名前を残しておけば、たまに営業があったり、仕事をもらえます。

解散しても、別にメリットはないんですよ。名前を残しておいたほうがいいことがある。辞める必要がないです。ごくたまにだったとしても、営業が入ればお小遣いになる。もうお気付きだと思いますが、子どもが生まれた頃から、僕は金のことしか考えていないです（笑）。

引退は自分で決めなくていい

僕は、芸人をスパッと辞めるほうが勇気がいると思うんです。同じ地獄なら、知っている地獄のほうがいいじゃないですか。ここからまだ見たことのない、知らない地獄に行くのも大変ですよ。また新しい痛みが来るかもしれないと思ったら、今の場所にいたほうがマシです。

だから、辞めるというのがピンと来ないんですよね。辞めていった周りの芸人のことも、「あのままアイツが続けていたら、もしかしたらお笑いでちゃんと食えるようになる展開もあっただろうな」と思ったり。お金も、最終的には僕、なんとかなったじゃないですか。ゴミ清掃で。だから、きっと大丈夫なんですよ。だけど、みんな辞めるんです。それは、本当に心が折れて、つなぎ留めている糸が切れたんだと思います。

僕は自分で決めなくても、引退って緩やかにやってくると思っているんですね。もう要求されなくなったらおのずと引退。野球の工藤公康とかそうですよね。雇ってくれるところがあればやるっていう。僕はそっち派です。仕事がなくて、人前に立つ権利がなくなれば引退なんで。ライブでオファーされて、2000円とか3000円かもしれないけれど、それで「立っていいよ」って言ってくれるんだったら、やるっていう感じです。

漫才に対する向上心は、もう全くなかったです。ゴミのほうで生きていくんだろうなと思っていたし、その間、西堀も発明で賞をもらったりしたので、そっちがうまくいけばいいなと思っていました。変な話、ゴミの専門家としてのタレント的な立ち位置はあるかもしれないなとか、あとはたまに2人で呼ばれて「どんなコンビだよ」とかっていじられたりとか、そういう感じになるのかな、なんて。

『THE SECOND』は出たくなかった

手は尽くしたつもりだけど、お笑いは厳しい。それでも、有吉さんのラジオとか、『有吉ベース』とかに出させてもらっているんで、まだギリギリ、芸人として生きているというか。仕事がなかったら、存在しないのと一緒なんで。僕はゴミのほうで新たなコミュニティーが出来たりもしていて。「ゴミを減らしたい」っていう仲間が集まると、芸人仲間と一緒で、これはこれで楽しいんですよ。この感じは、昨年の『THE SECOND』まで続きました。

そして、23年の『THE SECOND』で準優勝。コンビとして大きな転機となった。

世の中、何が起こるか分からないもんですね。何の努力もしないで。そもそも、僕らずっとお笑いに対して後ろ向きでしたからね。最初、西堀が鼻の手術があるからって聞いた時、ラッキーだと思ったんです。出なくて済むって。出たくなかったし。勝てないって分かってるから。

だって、15年前のネタでやるんですよ。新ネタを作るのはもはや無理。その気力もないし。でも、こんな状態で何も考えていなかったのが良かったっていうのはあるんですよね。負けるもんだと思ってるから、無茶苦茶してやれっていうことで。最後の3本目の決勝戦で、ネタがなかったじゃないですか。これ、26年前の初舞台の時と同じ展開なんです。ドカンとウケたっていうあれ、3回勝ったら優勝っていうトーナメント制だったんですよ。その時もネタがなくて、うわーってアドリブでしゃべったんです。26年後に一緒のことやってんの（笑）。人間って何にも変わらないですね。

『THE SECOND』でやった2本は、営業ネタです。いっつもやってるやつ。アドリブ漫才みたいなことをずっとやっていて、ネタに入る前の頭の部分がウケるから、例えば5分の持ち時間だとしたら、別にネタはやってもやらなくてもいいや、ぐらいの感じ。僕らって時間のコントロールだけはできるんです。途中で終わってもいいんだからって。だから『THE SECOND』の6分も、時間が来たらやめるっていう。

26年目にして〝勝ち〟を覚えた

最初は「面倒くさい大会が始まったな」と思いましたよね。毎年出ることになるのかなとか、出ないと「努力してない」って言われてしんどいぞって。そんな感じで、「負けてもいいや」から始まったけど、昨年はグランプリファイナルまで行けて。1回戦は絶対に勝ちたかったんですよ。子どもは僕のことをゴミ清掃員だと思っているんだけど、テレビの全国放送で漫才をやるっていうので、上の子がすごく喜んだんです。小学校の友達と、親も含めたら20人ぐらいがうちに集まって、みんなでWBCみたいにテレビで見ていて。最初に負けたら、残りの3時間ぐらい暇になってしまうから、1回戦だけは勝ちたいと。ここが1番緊張しました。だから、最後のネタがない時なんか、全く緊張していなかったです。もう十分喜んでいるだろうって。

昨日（24年3月24日）、今年の『THE SECOND』の「開幕戦ノックアウトステージ

32↓16」だったんですが、勝ちたかったんですよ、これが。勝てば勝つほど、勝ちたくなる。26年目にして勝ちを覚えたから、めちゃめちゃ緊張して。さらに決勝で負けた悔しさも分かるから、昨日なんかガチガチですよ。西堀もガチガチだったんだよな。途中で「あれ？」って思うところが何個かあったくらい。

今年の参加はすぐに決めました。「負けるに決まってる」とか言ってずっと後ろ向きだったけど、結果的に準優勝できて、まだもう1つ先を目指せるんだって思ったから。もっと顔を売りたいっていうのもあるんですよ。あとは、大会自体が楽しかったから。『THE SECOND』という大会だからそうなのかもしれないですね。おじさんでいることに意味があるというか、おじさんでいていいというか。ライブシーンでは居場所がなかったりしたけど、堂々といられる場所を作ってくれた感じ。うん。世代的に同じような人たちが輝けて、楽しい場ではありますよね。

『THE SECOND』をきっかけに2度目のブレイクを果たした。テレビ出演が急増するなど、好調さが続くなかで、お笑いに対してのスタンスも変わり始めている。

昔は、ほぼネタ番組にしか出たことがなかったんですが、トークバラエティとか、いろいろなことを経験できました。それこそデジタル写真集なんかは、やるとは想像もしていなかったですし、『芸能人が本気で考えた！ ドッキリGP』では、「海からスプラッシュ」というずぶ濡れになるやつで、初めてドッキリに掛かりました。

指名でテレビに呼ばれるありがたさ

テレビでは、指名で呼んでいただけるありがたさを実感しましたね。カンテレの『マルコポロリ！』で、1時間マシンガンズ1本でやってもらえた時はうれしかったです。しかも、一緒に出演したのが、昔から知っている同じ事務所のタイムマシーン3号とアルコ&ピースで。この3組っていうのが最高でした。『マルコポロリ！』は、ゴミ関連で1人で出たことがあるんですよ。その時は、コスプレイヤーのえなこちゃんが「年収1億円」っていうので盛り上がって。その横で、僕は「ゴミ清掃員で月20万円稼いでいます」みたいな。聞きたいのはゴミの話だって分かっているけど、体感的には「ウケないよな」という感じだったので、マシンガンズで組んでもらえた喜びは大きかったです。あとは、『THE SECOND』で知ってくれた人がマシンガンズのファンになってくれて、ゴミに気を付ける人が増えたんですよ。お笑いとゴミがここでつながるとは。『THE SECOND』を頑張った甲斐《かい》がありました。

うまくやれたのもあるけど…、うまくやれなかったことがほとんどかもしれないです。『アッコにおまかせ!』なんかは、難しかったですね。全然しゃべれないまま、気付いたら残り時間5分くらいになっていて、なんだか普通にテレビを見ている感覚になりました。それでも2回目のオファーが来たんだから、分からないですよね。「あの番組の感触、良かったな」と思ったのに、第2弾がないこともありますし。僕も初めての経験なので、そのあたりの感覚はつかめていないです。自分では分からない。

1回目のブレイクの時はまあ、『レッドカーペット』とかのショートネタブームの端っこにちょっと乗せてもらったくらいなんですけど。それでも当時、結構仲良くしていたスタッフが何人かいて、それはよかったなって。『THE SECOND』で準優勝できて、仕事がうわーっと入ってきたんですけど、その3分の1ぐらいが、実は1回目のブレイクでお世話になっていたスタッフなんですよ。

『レッドカーペット』組はみんな、いまだにお笑い関連をやっていたりして、3つくらい番組に出させてもらいました。競輪番組のオファーが来て、なんでだろうと思っていたら、髭男爵と三拍子とやっていた『エンタの味方!』(07年~09年)のスタッフだったりとか。こういう縁が持てるのは、仕事ならではですよね。結果を出せば、また一緒にやれるんだなって。

サボっていたぶんを取り返すために

タレントって、何者なのかが明確じゃないと、呼びたくても呼べないじゃないですか。話題になっていたり、注目されたら、テレビでも呼びやすくなるから。「この仕事なんだ?」って思ったら、大体昔の知り合いです。だから、携わった番組のスタッフを大事にしないといけないなとは、改めて思っていますね。呼んでもらえたら、頑張って要望に応えたいと思いますし、この番組を盛り上げて、恩返しをしないとなって。昔から仲の良かった芸人とのつながりで、テレビやラジオからお声が掛かることもあって。オードリーやナイツ、錦鯉さんとかね。みんなほんと、優しいですよ。続けていれば何かあるかもって思ってきたけど、まんざら嘘じゃなかったです。続けていたらいいことがありました。

でも人間だから波があるというか。メンタルが厳しくなる時もあるし、少し前まで何の期待もしていなかったのに、『THE SECOND』の予選でガチガチに緊張するなんてこともあるので。勝ちたくもなるし、欲も出てくるんだなって。

今までサボっていたぶんを取り返さなきゃいけないというところで、ネタなんかも急激に作っています。『THE SECOND』で優勝したいっていう思いもありますし。たぶん、「ネタがない」っていうのはもう許されないと思うんですよ。今年3月には単独ライブ、4月にはソロライブをやって、ネタを下ろして。だから優勝とかより、まずネタを作るのが目標です。うちらね、締め切りがないとサボってしまってできないの。だから、今まで考えもしなかった単独ライブもやったし。それも『THE SECOND』のおかげですね。

芸人はみんな、当たり前のようにやってるんですけどね。この間、ナイツと話をしたけど、仕事として淡々と作ってるって言ってました。僕らも仕事が入るようになったら、やっぱり作るようになりましたね。『THE SECOND』の前までは、何年間も当日一発勝負。お互いに何をしゃべるかも分からないし、本当にアドリブみたいな感じだったのに。

有吉さんからは「浮かれるな」「短期バイトだと思え」

コンビでの仕事が増え、再度ネタ作りにも取り組み始めた。西堀と過ごす時間も増えたこの1年、改めて相方に対してどんなことを感じているのだろうか。

15年ぶりくらいにネタを作っていて、西堀と意見が合わないことって多々あるんですよ。そういうもんなんだけどね。ネタを作らなければ、そんなことも出てこないので、「ああ、この嫌な感覚ってあるな」って思ってますよ。だから、仕事がなければやらなくなる。でもこれは、ぶつかっても乗り越えなきゃ次のネタが出来ないので、嫌でもやるしかないっていう感じですね。お互いにある程度考えてきて、それで寄せ集める感じで作ってます。1人で書いて全部ボツになることもあるんで、それって癪じゃないですか。なので、こういうやり方で。

有吉さんに言われたのは、「浮かれるな」っていうことと、1年間短期バイトと思って、やれるだけやって、稼げるだけ稼げっていうこと。そのアドバイスに従って、最大限に動いたんじゃないかなとは思います。事務所を通さない〝闇グッズ〟も販売して。さらば（青春の光）の森田（哲矢）君と『～なぜここにいるの？～ごみ物語』（23年4月～24年3月）で一緒に番組をやっていたので、収入源について聞いたんですよ。「グッズがいいですよ」「普段から着られたり、使えるものがいいですよ」と聞いたので、すぐにそのアドバイスを取り入れて。もう、グッズの記憶は鮮明ですね、この1年（笑）。

仕事が激増するとともに、西堀とは一緒にいる時間がものすごく増えました。西堀もやる気にはなったんじゃないですかね。楽しそうにやってるし、いいんじゃないですか。西堀は、本人にも言っているんですけど、肩の力が抜けている時のほうが面白いです。「今日は肩に力が入っているな」って日もあって、何かあったのかなとか、その原因は分からなかったりするんですけど。僕はスベっても「淡々とそこにいる」みたいに見られがちなんです。奥さんが産後うつで入院した時も、娘の送り迎えをして、ゴミ清掃に行って、やることやって帰っていく僕を見て、保育園の園長先生が「あの状況で顔色1つ変えずに飄々としているのが信じられない」って言っていたらしくて。自分のなかではパニックだったんですけど。こういうのが芸人として得しているのか損しているのか、分かりませんが。

コンビで一緒に撮った写真をXにアップするのも日常になりました。喜んでくれる人がいるんでね。『レッドカーペット』の頃はブログが主流で、2ちゃんねるでは誹謗中傷がすごくて、親に「オマエは見ないほうがいい」とか言われた、そんな時代。今はSNSで「いいね」がたくさんついて平和です（笑）。

コンビでやっていかなきゃいけない

2人の関係性でいうと、やっぱり波はありますよ。でも、たまに1人でバラエティに呼ばれることもあるじゃないですか。そういう時に、結局コンビでやっていかなきゃいけないいんだなっていうのは、感じています。西堀はどう思ってるのか分からないですけど。ここでツッコめる人がいたらなとか、ボケてくれる人がいたら助かるのに、みたいなことも多々あって。ウケるのもスベるのも自分の責任っていう、それも1つの仕事の形として追求していかなきゃいけないんでしょうけど。以前から、1人でバラエティに行った時に、「西堀がいたら良かったのにな」と感じることはあったので、必要なパーツではあるんですよね。

気付いたら26年、偶然組んだコンビですけど、西堀じゃなかったら辞めていたんじゃないですかね。解散してそこからまた他の人と…っていうのは、考えにくかったです。「あの人のあんな感じでツッコんでほしい」とか、「俺の考えてるこれ、面白いと思うんだけど」って要望しても、できなかったりするんですよ。西堀は西堀の間があったりするので。もちろん逆もそうで、僕も西堀の思うようにはできなかったり。でもそうやって続けてきて、目の前にあるものを最大限に生かすにはどうしたらいいか、まずはそこを考える姿勢に至りました。コンビでの活動を続けていなかったら、ゴミ清掃で目の前のことを一生懸命に頑張るみたいなことって、たどり着かなかったんじゃないかなと思う。ほとんど、僕の人生の半分ぐらいに影響を与えてるのは西堀でしょうね。

こんなこと言いながら『THE SECOND』が始まる前は、もう1人誰か入れようかって話してたんですよ。もうネタ書くのが面倒くさいから、ネタ書けるヤツがいないかなってことなんですけど。西堀に言ったら、「いいよ、トリオになるか」って（笑）。もう1人誰か入ったら話題になるかもしれないな、なんて言いながら。『ごみ物語』で共演していた岡野（陽一）を誘ったんだけど、断られて。そのあたりでオジンオズボーンの篠宮（暁）が1人になったから…って、節操がない（笑）。

“ネタ至上主義”の考えはもう全くない

昨年の『THE SECOND』は肩の力が抜けていて、気持ち的に「もう芸人じゃない」くらいだったのが良かったんでしょうね。「俺、そもそも本職はゴミ清掃員です」というのは冗談みたいに言うんですけど、本当にそう思っていたりもするんですよ。大きくコケても「別にまた明日ゴミ回収すりゃいいし」みたいなところがある。それもネタになるし、くらいの。

だから〝お笑いネタ至上主義〟みたいなのは、もう全くないですね、僕は。みんなすごいですよ。完成度が高くて。『THE SECOND』の予選を見てても、芸術だなと思っちゃう。若手を見ても、最近の人はレベルが本当に高い。それができるかって言われたら、僕はもうできないです。僕らももともとは〝ネタ至上主義〟だったんですけど、26年掛けてゆっくり溶けて、今ではもうアイスクリームがドロドロになったような状態。こだわりは本当にないです。ウケればいいです。ウケれば楽しいです。喜んでもらえることができれば。

改めて振り返ると、偶然に出会うものを大切にしないといけないんだろうなと思っています。自分が思い描いた理想は、うまくいかなかったので。『レッドカーペット』で上昇した時にそのままの勢いでとか、『M-1』で結果を出して、ストレートに売れるのが1番良かったんですが、それがかなわず。芸人として、本来望む形ではないかもしれないけど、ゴミのほうで話題になって、いくつか番組に呼んでもらえたのはありがたいことでした。

テレビに出なくなると、本当に無縁になってしまうから、お笑いに直接関係なくても、どんな仕事でもやっておいたほうがいいなって思います。後輩にも、出られるもので自分がやりたければ、全部進んでやったほうがいいよと言いたい。芸人同士だと「あの仕事、なんだあれ」とか言ったりするんですよ。そういうのは気にしないでって、僕は思います。世間の目に留まる、なるべく多くの人の目に触れることが大事で、全く出ていない時期からの切り返しはなかなか難しい。とりあえず出ておけば、誰かが何かで使ってくれるかもしれないっていう。

ゴミの番組や企画をやれたら

長らく願っていた芸人としての仕事が復活したマシンガンズ。これから目指す場所はどこになるのだろうか？

仕事にこだわりはないと言いながら、『THE SECOND』で優勝することは目標ではあります。あとは、ゴミの番組を持ちたいなとは思ってるんですよね。バラエティといいますか。僕はオールマイティーにできるタイプではなく、できることとできないことがはっきりしているんで。大喜利も頑張って努力したけど、そんなに向いてないとか、モノマネにも挑戦したけどダメだったりとか。そういうのは、腕や技術がある人がやったらいいし、僕はできることで楽しませたい。例えば、ゴミのことに関して分かりやすく面白い形で伝えるだとか、『ザ!鉄腕!DASH!!』でいう〝DASH村〟みたいな、あんな感じのことができたらうれしいんですけどね。ゴミのことに力を入れているのもあるんですけど、もう欲しいものがないんです、そんなに(笑)。お金が入ってきたとしても、何を買いたいとかはなくて、ちょっと旅行に行きたいとか、そのぐらいかな。

ネタ作りは継続的にやっていくつもりです。3月に単独ライブをやった時に、元トップリードの和賀(勇介)が来てくれて、帰りに飲んだんです。まあ、楽しかったんですよ。でも、仕事みたいな理由がないと、会える機会がほとんどない。なので、そこらへんの余っている芸人と(笑)、2カ月に1回くらいのペースで新ネタライブみたいなことをやりたいなと思っています。ピン芸人の岡野（陽一）が単独ライブをやっていたので、「すごいな」って言ったら、「芸人であるからには、罰のつもりでやってます」って。芸人と名乗るには、それぐらいはやらないとって言うんですね。それってやっぱり大事なことで。新ネタを作ったり、客を楽しませる新しい努力をしなきゃいけない。当たり前なんですけど。それをずっとサボってたので、これからはちゃんとやっていこうかなと。『THE SECOND』があったおかげです。

バリバリ仕事ができるのはあと12年

若いうちは何でも挑戦してってなるけど、僕はもう48歳で、よくよく考えると、あと12年ぐらいしか稼げないんですよ。60歳で現役バリバリでお仕事をもらえるって、本当に一流のスーパースターだけなんで。以前、ダチョウ倶楽部のリーダーの肥後さんが、「俺はあと8年か」と言っていて、「何がですか」って聞いたら「60歳になるの」って言っていた記憶があって。60歳を超えて、芸人としてバリバリ生きていける人ってそんなにいないから、それまでに終わりを決めなきゃいけないって言っていたのが印象に残っているんです。その肥後さんも、もう61歳になっているわけなんですけど。

そうなってくると、もう僕の時間も12年ぐらい。何を残せるかとなったら、ゴミのことで、バラエティっていいなって。他にないし。さらば青春の光の森田と岡野と一緒にやっていた、『～なぜここにいるの?～ごみ物語』は、ゴミを拾って妄想してるだけの番組だったんですけど、コンセプトもすごく面白かったと思うんです。そんな番組をまたできたら。ゴミバラエティは、コンビでもやりたいですね。

長い低迷期を乗り越えて再ブレイクを果たした2人。滝沢には、要所で思い出す先輩の言葉があるという。

以前、30秒くらいの短いネタで、チームで対戦する番組があったんです。有吉さんと一緒に出演したんですが、終わって裏に帰ってきた瞬間、「こういうのは断ろうって言ったんだよ」って。「芸能界って1個ずつバツを付けていく作業だろう。できることとできないことがあるんだから」って、独り言のように呟いていたんですよね。「できないことにバツを付けて、できることを伸ばせ」っていう、その言葉はすごく覚えています。僕ももともと不器用な人間なので、「できない」って割り切ってバツを付けるのが重要だったりして。いろいろと挑戦したり、試行錯誤するなかで、「これはいけるかな」っていうのが、僕はダブルツッコミだったんですよ。最初からウケが良かったところ。だから、ボケを磨くとかじゃなくて、いけそうなところを伸ばすために、もうツッコミしかやらなくていいんじゃないかって。それと同じように、できることを伸ばすっていうほうが、僕の生き方としては1番居心地がいい。

師匠みたいな存在の有吉さんからは、「ゴミのことは忘れるな、それは貫け」と言われています。自分にしかできない何かは持っていたほうがいいし、ゴミのことを忘れなければ、何をやってもいいのかなと。

あとは、一生懸命頑張っても、全然視聴率が取れなくてダメな時もありますし、手応えがなかったのに、2回目があったりもする。以前、ダチョウ倶楽部のリーダーの肥後さんに、「売れるって、そういうことじゃないんだよ」って、言われたんですよね。「〝売れる＝面白い〟じゃないよ。極論、笑いを取らなくてもいいんだ」って。求められたことを〝やる〟のが大事で、もう「ヤー」ってやっておけば、それで仕事は終わりだって（笑）。今は、なんとなく分かるような気もするんですよ。頑張ったから報われることももちろんあるけど、そういうことでもないいんだよなって。

失敗したら、元の場所に戻ればいい

リーダーの言葉ではもう1つ。例えばキャラを付けたくて、ピンクのメガネをかけたとするじゃないですか。これって芸人同士だとよくある話で、「何だそれは、売れようとして」みたいにいじられたりするんです。本当はいじられずにやりたいけど、そんなわけにはいかなかったりして。それでやってみて、成功して定着したら、そのままやればいい。でも、うまくいくとは限らないじゃないですか。リーダーは、ダメだったらダメで、「メガネをすっと外してヘラヘラして戻ってこい」って言うんです。ヘラヘラできるかどうかっていうのが大事で、「失敗しちゃったよ」って言える人間になれって。何が当たるかなんて分からないんだから、「挑戦してダメだったら、元のところに戻ってくりゃいいじゃん」ということをリーダーに教えてもらいました。

（上島）竜兵さんには、よく「もっと自分のいる世界を信じろ」と言われていました。その当時は意味が分からなかったんですけど、信じられるようになれば、周りのスタッフにもその気持ちが通じるんだって。思い返せば「どうせ若い人たちが」とか、「オーディションに行ったところで」とか、あまりお笑いの世界を信じていないところがありましたね。最初から投げた感じで。異常にひねくれてたんだな…。今になってなんとなく分かるような気がします。

第4章

50歳手前のシンデレラ

準優勝から1年、「今年こそチャンピオン」とエントリーするも、
第２回の『THE SECOND』ではあえなく予選敗退。
しかし、この１年で周囲の環境と２人の意欲は
大きく変わっていた。

――24年の『THE SECOND』を改めて振り返っていかがですか。

西堀 何回も神風は吹かないね。昨年吹きましたから。

滝沢 今年は勝とうと思ったんですよね。それが良くなかったのかな。昨年は1回もネタ合わせをしてないし、1個も勝とうと思っていなくて。僕なんかもう、フジテレビの楽屋で本番直前までずっと寝てたんだから。「出られてラッキー！」ぐらいで気楽にできたけど、今年は意外と、気合いを入れすぎたのかもしれないですね。

西堀 それはそうだよ。勝とうとは思うよ。結果としては、頑張らなかった昨年のほうが、頑張った今年より高成績だったということになりますけど。どうなんだろう。後付けですよね。やっぱり昨年良かったぶん、ちゃんと来ましたね、〝お笑い税金〟みたいなものが。昨年良かったってことは、メディア露出も増えたじゃないですか。そしたらやっぱり、『THE SECOND』に関しては前回の〝圧倒的弱者〟っていう立場はなくなって。「決勝まで行った人だ」っていうフィルターが掛かってしまいましたね。

滝沢 予選の舞台に立っていて、お客さんからその空気は感じた。

西堀 『THE SECOND』以外では、全部のことに有利に働いたんだよ。知名度が上がると、ライブでも営業でも、どこに行ってもウケて楽しかったし。だけど、『THE SECOND』のコンセプトは「セカンドチャンス」だからね。くすぶっている芸人への〝救済〟の意味合いが強いから、審査員のお客さんも使命感がありますよ。そうなると、どうしてもまだスポットの当たっていない人のほうがいい感じがするよね。昨年の我々がそうだったんだから。「あれ? 想定していたより、思い通りにならないな」って思いながらやってました。

やれる限りのベストは尽くした

――準備の段階ではどうだったんですか。

滝沢 これ以上やることはないっていう状態で臨みましたよ。新ネタを作るために、単独ライブもやりましたし。「ノックアウトステージ」の「32→16」と、「16→8」で、1本ずつ新ネタで勝負して、やれる限りのベストは尽くしたと思うんだけど。

西堀 だから、甘いことを考えてたよ。「また決勝で負けたらどうしよう」とか、「ヘタしたら優勝しちゃうな」とか思ってました。ははは!

滝沢 そうそう(笑)。

西堀　今回はちゃんとネタもあったしね。

滝沢　ネタを作ること自体が久々で。昨年の第1回でやったのは、もう15年以上やってるネタだったりとかして、目をつぶっていてもできるネタだったから。そこらへんが、気楽な感じでできた要因なんでしょうけど。

西堀　気負わないほうがいいとは分かっているけど、気負わずにはいられないんです。準備すればするほど、どうしても気負っちゃう。対お客さんって、ネタを何個作ったらいいっていう正解がないし、どっちが面白いと感じてもらえるかとか、その時の会場の雰囲気とかって、分からないじゃないですか。だから、これまでのウケの大きさとか、ウケの数とか、数値化できそうな判断基準に頼るんだけど、よく考えてみたら、我々はそういうタイプじゃないんです。なんとなく大きい声出してるっていう芸風だし（笑）。分析したことが生きる戦いになってくると、それは我々の出る幕じゃないんだよ。

お客さんが『THE SECOND』を理解

――2回目で、大会自体は昨年と感じが変わりましたか。

西堀 我々の立場が変わったから、『THE SECOND』も変わったように感じた。俺は。

滝沢 あー、そうね。お客さんが、『THE SECOND』という大会を理解して見に来ていたから、予選の時からドカンドカンウケているんですよ、みんな。それがもう、1回目との大きな違いですね。

西堀 確かに。

滝沢 今年の選考会は、平日の夜と、土日だったんですよ。だけど、昨年の選考会は全部平日で、しかも僕らは昼14時の回。それでも、何十人かはお客さんがいて、「この人たち、平日の昼にこんなところに来て、仕事してないのかな?」って思ってた（笑）。そんななかで、「オマエらみたいなもんは」みたいな感じでやると、やっぱり跳ねるというか。こっちはもう、ウケてもウケなくても、どっちでもいいんだもん。事務所的には「行かせた」というマネジャーのノルマと、我々も「行った」というノルマを果たしたんでね。それがむしろ良かったみたい。今年はもう、最初からみんなドカドカウケていて、〝お笑いオリンピック〟みたいな感じになっているから、「これはヤバいぞ」って思った。

西堀 『THE SECOND』が市民権を得ちゃったんだよ。

滝沢　そう。6分間、真剣に作ったネタじゃないともうダメだっていうのがあったね。

西堀　1回目は、全員頭の上にクエスチョンマークがあったんですよ。「どういう大会だ?」っていう。初めてだから、スタッフからも、フジテレビの建物自体からもクエスチョンマークが出てた。

滝沢　日程が進むにつれて、「大きなことになってきた」と思いました。松本(人志)さんがアンバサダーだと発表されて、「えっ、松本さんが来るんだ」とかって。そのうち、生放送される「グランプリファイナル」は4時間スペシャルって知って、「なんだこれ?」って。

西堀　大ごとになってきたんだよ。「参ったね」って言ってた。

滝沢　第1試合が金属バットと俺らで、「トップバッターか…」と。いろいろと、だんだん大きくなっていったんだよ。どういう大会かやってみないと分からないっていうのもあったし。言い方を換えると、スタッフさんを先頭に、参加者みんなで作っていったのかもしれないです。

大きな流れがいつ来るのかなんて分からない

西堀　本当、どの世界でもそうなんでしょうけど、大きな流れがいつ来るかなんて分からないですよね。個人の力なんて、たかが知れてるんです。そんなデカイ流れがあるなんて、予想もしてない。小さなボートに乗って、小川を行っているつもりだったんだけど、急に大きな川になり出して、最終的に「海に出るのかい！」みたいな感じが（笑）。こっちは海を目指して漕いだわけじゃないですからね。何となく乗ってただけ。やってることはいつもと一緒で、マインドも変わってないのに。

滝沢 そう。こういうことって、いつ来るか分からない。でも、流れに乗ってればいいのかなって。転覆しなければ。

西堀 ビジネス書とかでも「転機は自分で作る」とかあるじゃないですか。自ら動く転機もあるけど、勝手に周りが変わる場合もありますよね。

滝沢 ネタも書かず、本番直前まで寝てるぐらい何も努力してこなかったのが、ラッキーでチャンスを手にして。だから今年は動きましたよね。単独ライブをやったりとかね。これはすごい変化です。

西堀 お笑いの場合は、1度こうやって海に出たっていう例を知ると、「自分にもチャンスが巡ってくるかもしれない」とみんな思うし、それが本当に可能性としてゼロじゃないんですよね。だから、いいのか悪いのか、またみんなボートに乗り始めてるんですよ。やっぱり成功例っていうのは、希望でもあるし、我々の首を絞めるものでもありますね。

今年のザ・パンチは昨年のマシンガンズ

――この1年のお2人の姿を見て、もう1回火が付いた人たちは周りにいましたか。

滝沢　どうなんだろう。いたと思うよね。

西堀　『THE SECOND』の予選でも、みんな「マシンガンズ」って言っていたらしいんだよ。シンデレラ扱いですよね。50歳手前のシンデレラ（笑）。みんなもやっぱり、自分もフィットするんじゃないかと思って、並んで足を突っ込むわけです。そんなことの繰り返しです、我々なんて。

滝沢　準優勝したザ・パンチの敗れ方が、昨年の俺らに似ていて、太田プロのみんなが「マシンガンズだ!!」って言ってたな。

西堀　審査員も、優勝を決めるってなると目が覚めるんですよね。魔法が解けるんです。そこまでは「ワーッ」て盛り上がっていても、優勝を決める時には「ちゃんと漫才してるのはこっちだよな」って。馬車がかぼちゃに戻るというか（笑）。

滝沢 これはでも、従来の賞レース史上にない、6分ネタを3本っていう『THE SECOND』のルールによるところが大きいよね。1日に3本見せなきゃいけないっていう。かつてなかったことだから、戦い方は、まだまだこれからっていう感じもありますよね。

西堀 考えたらおかしいよな。1本目と2本目で、お客さんがめちゃめちゃ笑ってるから決勝戦に勝ち進んでるわけでしょ。誰よりもウケてる2組が上がってきているんですよ。昨年は我々の3本目が最低得点って、急にどうしたんだっていう（笑）。普通に考えたら、そんなことあるわけないいんだよ。

滝沢 お客さん、笑ってもいるんですよ。でも点は入れないの（笑）。

西堀 「これ、漫才じゃないな」って。こっちからしたら「何急に冷めてんだよ！」って。

滝沢 そうだよ。ザ・パンチだって、ちゃんとネタはやってるわけだから。

西堀 散々盛り上がって、その気にさせておいて「飽きた」ってなんだよ（笑）。

滝沢 あんなに消費の激しい1日はないね。

西堀 15年以上やってるネタを、我々は一気に3本失っているわけですからね。だから、優勝した人はいいですよ。上がりだから。でもパンチと我々は、3本ただやっただけっていう。

滝沢　パンチは正式に3本ね。うちらなんかは、3本目はアドリブみたいなもんだから。

西堀　ということは、パンチは今回、自信のある得意なネタを3本失っている。4本目から始まるわけで、これは大変だよ。

滝沢　だから、もし2本だったら、俺らもパンチも優勝してたかもしれないよ。俺らの2本目は、当時の最高得点だったんだから。

西堀　周りは、自分に関係ないから「2位で惜しかった」って言うんですよ。でも優勝賞金1000万円だよ。「惜しかった」で済む、そんなわけないんだよ、今考えてみると。

――……（シーン）。

滝沢　絶句してるんですか、今（笑）。

西堀　何で？　俺、そんなエグい話した？　1000万円欲しいでしょ。「てんてんてん」って何ですか（笑）。言わなきゃよかったよ。

半ば義務の感覚でネタ作り

――『THE SECOND』に向けて頑張ってきて、充実感は？

滝沢 サボってきたぶん、今までやってこなかったことを、半ば義務の感覚でやりましたね。昨年準優勝できて、1回は単独ライブもやらなきゃいけないのかなと。実際に動いて、やれたことは良かったですよね。『THE SECOND』総合演出の日置（祐貴）さんが喜んでました。15年以上ネタを作っていなかったのに、「やる気になったんですね」って。

西堀 日置さんが、「単独ライブをやろうって思ってくれたことが、何よりもうれしい」って言っていて。もう、目線が母ちゃん。1度もう諦めた人たちにスポットを当てるっていうテーマがあるから、そうなってくれたのがうれしいってね。

滝沢 『THE SECOND』の趣旨と合致したから。

西堀 マシンガンズってずっとくすぶっていて、それがあんなことになったから、「大会の象徴になってくれました」と言ってくれるんですよ。振り幅が大きいほうが、頑張った感じがしますもんね。例えば、三四郎はすでに人気者で、活躍が続いているじゃないですか。それよりは、知名度が低い人が優勝するほうが、チャンスになって「良かったね」って見えるからね。

――『THE SECOND』後の1年で、環境は大きく変わったのでは？

滝沢　そうですね。お金がね、思ったより入ってくるんですね。

西堀　ははは！　絶句しますか（笑）？　年を取ると、夢だとか理想が減って、現実的になるのかもしれないですね。

滝沢　これをやったことによって、どうのこうのっていう発想は、僕はあんまりないから。仕事をいただいたら、「これでいくら入ってくるのかな」って。

夢も希望も特になし

西堀　若い時は夢や目標を掲げてやるじゃないですか。どんどん年を取って50歳とかになってくると、次、終わった後は…みたいな発想になってきますよね。セカンドライフ的な。我々はあんまり、夢も希望も特にないんですよ。この年で〝ブレイク〟的なものを迎えると、「冠番組が絶対欲しい」みたいな気持ちはもうそれほど。

滝沢　踏み込んで言えば、若い頃は結構、労働搾取されていたんですよね。〝あるある〟だと思うんだけど、番組とかのリハーサルのシミュレーション要員というか、出演者の代役みたいなことで、「勉強して来い」「これが何かにつながるかもよ」って、駆り出されるんです。

西堀 そう、あった。

滝沢 もう本当にタダみたいな値段で、1日拘束されてね。俺はその時間、バイトをやりたかったですよ。生活も大変だったから。じゃあ、それが何かにつながったかっていったら、1個もつながっていないです、これは。

西堀 事務所を告発してる（笑）。

滝沢 そんなこともあったから、自分がやったことで対価をしっかりもらうっていうのは、大切だと思っているんです。お金関連で言うと、『THE SECOND』の1回目と2回目の違いは、参加料金2000円を取らなくなったことがデカい。僕、散々文句言ったんです。なんで取るんだって。

西堀 あれはね、俺たちがネチネチ言ったから、フジテレビのプロデューサーが腹立ったんですって。「よく考えてください、1組2000円ですよ」って。参加したのは約130組だから、行っても25万円くらい。「モニター代にもならないのに、ここまで言われるんだったら、もうやめます！」って、ぶち切れたんだよ（笑）。

滝沢 ははは！ 俺らが勝ち取りました。それでみんなの参加費なくしたんだから、貢献したんだよ。

西堀 会場費にもなってないのに「儲けてる」みたいに言うから、腹立ったって。

滝沢 やっぱりちゃんと主張して、損をしたらいけないと思います。

ガクテンソクってあんなに強かったんだ

――第2回では「ノックアウトステージ16→8」で敗退になりました。切り替えはどのように。

滝沢 びっくりしたよ。「あ、負けるんだな」って。こっちは優勝を頭に描いていて、負けるつもりなんかなかったから。

西堀 1年でエラそうになったな（笑）。浮かれてますしね、まだ。

滝沢 うん、浮かれてる。

西堀 そりゃそうですよ。だって、昨年の5月19日まで全員に無視されてきたのに、その日を境に如実に変わったんだから。ライブに出ても、前まではマシンガンズが出ていっても、お客さんの感情はゼロ。嫌でもないけど、見たいわけじゃないっていう。それが、人前で漫才をする機会が増えて、しかも「見たい」っていう人が出てきたんです。これはね、素晴らしいことなんです。うれしくて、自分たちの意識も変わっていって、さっきの「優勝すると思ってた」につながるっていう（笑）。

滝沢 そう。乗せたのはそっちじゃんって（笑）。みんなが持ち上げたから。

西堀 でもね、俺も「32↓16」でヤングに勝って、まあ「ベスト8」には入ると思ってましたよ。そしたら、ガクテンソクって、あんなに強かったんだって（笑）。

滝沢 だけど、楽しみだったよね。そのブロック。ガクテンソクとの再戦だから、盛り上がるんじゃないかなと思って。

西堀 勝つ前提だろ？

滝沢 勝つ前提。

西堀 そしたら、まさかな。後のチャンピオンとは。

滝沢 ひっくり返ったもん、本当に。後のチャンピオンにずいぶんエラそうなこと言っちゃったよ（笑）。

西堀 何度も言いますけど、我々はチャンピオンにしか負けてませんからね。事実上の3位だって言い張っておきます（笑）。

滝沢　僕は敗退した後、〝勝手にキャンペーンボーイ〟として、ファイナリストの人たちとインスタライブをしたりして。ガクテンソクの奥田（修二）のほか、ラフ次元の梅ちゃん（梅村賢太郎）や、ななまがりの森下（直人）君とかと。これまで、吉本（興業）芸人とは全然接点がなかったんですが、壁を取っ払えたらなと思っているんですよ。吉本は業界No．1じゃないですか。勉強できたらとも思うし、ちょっとでいいから何か恩恵を受けたい（笑）。でもまあ、『THE SECOND』自体が盛り上がればいいなって思っていたのが本心です。始まったばかりだし、3回目も成功すればいいなと思っています。

50歳近い売れなかった芸人がごたくを並べても意味がない

——オファーが急増したこの1年、仕事への向き合い方なども変わったのでは。

西堀　上昇志向が強くて、トップになってやろうっていう人は、「自分の番組を持ちたい」とか思うんだろうけど、ずっと売れてこなかった50歳近い芸人が考えることなんて、結局あまり意味ないなと思い始めて。大きな波の前では、つまらない俺の考えなんて、意味あんのかなって。戦略的にやれている人もたくさんいるけど、こんな宝くじみたいな出方をしてさ、ごたくを並べてもあんまりね（笑）。2人でやれることについては、意外とたくさん話しました。単独ライブをやろうだとかは、それは自分たちの意見も反映されるので。ただ、大きな流れの前ではもうどうにもならないからって、俺は思ってるんですよ。「下手の考え休むに似たり」じゃないですけど、思った通りにいったことなんかないですもんね。『THE SECOND』だけはいい方向に転がったんだけど。

だから、何がファインプレーだったかって、やっぱり（マネジャーの）田中がエントリーしたことですよ。本番の出来で、生放送の第1試合でぽこっと金属バットに負けることもあり得ただろうけど、エントリーして選考会の会場に行ったからそこまでつながったわけで。最初は嫌だったけど、結果、参加して良かったです。自分の範囲内のことだったら、自分の考えが影響するけど、あまりに大きくなると抗えない。考えて変わるんだったらいいけど、大体は変わらないですよ。…後ろ向きになっちゃった（笑）。でもそう考えると、楽にはなると思いますよ。テレビに出たり、ライブをやっていてももちろん楽しいんだけど、どこかで他人事な感じもするんですよ。実感がないというか。『SECOND』の準優勝も、勝ち取ったっていう気もなくて、なんとなくそうなったって感じなんだよな。

『THE SECOND』の存在は「やってていいよ」のゴーサイン

滝沢　分かるような気がする。個で考えても、そんなにね。「これ、俺の力じゃねえな」っていうのはあるし。ただ、僕は「パッケージで売れる」っていうのはあると思っているんです。『THE SECOND』というなかで居場所を見つけられたっていうことは、「やってていいよ」っていうゴーサインだって捉えていいんじゃないかなって。個で勝負して飛び抜けて売れるのって難しいけど、グループだったらパッケージで売れる可能性があるじゃないですか。僕がキャンペーンボーイ的なことをやっていたのは、そういう考えからなんですよね。だから変な話、年は取ってきたんだけど、「みんなで売れよう」みたいな気持ちはちょっとありますよ。

ゴミの本の1冊目を出した時に、『さんまのお笑い向上委員会』に1人で出たんですけど、すんげえ先輩がうわーっといて、そうなるともう何もできなくて。だけど、この間コンビで出た時は、ひな壇のメンバーが半分くらい知っている人だったんで、普通に気楽にできたんです。周りの芸人と楽しくできたほうがいいじゃないですか。だから、みんなが残ったらいいなと思ってますよ。お笑いを辞めていくのって、居場所がなくなるからだと思うんです。努力しないと、だんだん居場所ってなくなっていくんですね。おじさんになってくると、喫煙所に行くと急にみんなが黙ったりするんだけど、あれはちょっとずつ追い出されているのと一緒なんです。

西堀 ライブシーンからは居場所がなくなりますね。

滝沢 続けるんであれば、居場所は見つけないと。そういう意味でも、『THE SECOND』が出来たのは救いかもしれない。マシンガンズって呼ばれた瞬間にスベる経験を何回もしてきて、必要とされていないツラさは味わってきたから。「必要ないんだろうな」って思いながらやってた時が、1番大変だったかな。

西堀 これだけマシンガンズってコールされた時点でスベっていたのが、中身は一緒で同じことをやっても、歓迎になるわけだからね。

――来年の『THE SECOND』に向けては、どう考えていますか。

滝沢 出るんじゃないですか。出ると思いますし、たぶんまあ、新ネタライブを2カ月に1回くらいやれば、3本は用意できるんじゃないかっていう。そういうのはなんとなく、頭の中では思ってますけどね。

西堀　そうだね。だからまあ、３本必要だから、３本作るっていう。うん。サッカーで言えば、11人はなんとか集めたいんですよ。でも、12人目を用意する余裕はないです（笑）。試合に出られるメンバーはマストで、だけどリザーブまでは用意できない。

滝沢　そうね。あとは、太田プロでも今はそんなに出番がない、ライブでもない限りは会わない芸人がいるんですよ。ブラックパイナーＳＯＳとか、風藤松原とか。だから、そこらへんも駆り出すつもりで、一緒にやれたらいいなとは思ってますけどね。自分たちも楽しみながら、新ネタができたらいいなと思ってます。

西堀　そうだね、気心の知れた人とやりたい。

滝沢　みんなで楽しい場を作るっていうのは、いいと思うんですよね。それがもしかしたら、「みんなで売れる」につながるかもしれないし。まだたぶん、ライブをやったら客は来てくれると思うんで、自分たちがやれることで。ライブをやって客が来なくなったら、もうね、引退ですから。別に、自分で引退って決めなくていいと思うんですよ。客が来なくなったり、仕事が来なくなったら、それが引退なんで。サッカーだったら三浦カズ（知良）、野球だったら工藤公康タイプですね。

西堀 勘弁してくれよ（笑）。

滝沢 オファーがなければ辞めるっていう。あればやります。

西堀 俺も一緒だけど、でも全然考えてないですね。「こうしたい」が極端にないのかもしれない。「予定」がその人の暮らし方を決めていくわけじゃないですか。だから、ライブがあればライブに行くし。滝沢はライブを組んだりと企画するのが好きだから、そういった面ではやっぱり、俺みたいなのが2人いるよりは、滝沢がいてくれてよかったと思います。

芸能人としては底辺だけど

――マシンガンズの存在が広く知られるようになって、現在思っていることは。

滝沢 でもまあ、お金以外の理由で芸人を続ける意味、あんまりないと思っているんです。お金か、女の子にモテるか。この2つがなかったら、僕はもうやらないです。現実的だろ？ モテたいし、お金が欲しい。

西堀 言っちゃうと味気ないね（笑）。滝沢のお金への執着を見てると素敵だなと思うよ。

滝沢 今後もこだわっていきたいポイントではあります！

西堀　ははは！

滝沢　だから〝案件〟（企業・広告案件）を狙っていきたいよ。

西堀　案件欲しいなー。

滝沢　もうちょっと頑張って、映画の試写やイベントに呼ばれて、コメントしたりするタレント路線は？

西堀　あれはだって、〝芸能人〟でしょ。他の要素もいるから。恋愛映画だったら、ちょうど破局を迎えたとか、「どうでした？」って記者が聞きたくなって、スポーツ新聞の見出しになるような人じゃないといけないのよ、あれは。

滝沢　じゃあ恋愛をして、そういう映画の番宣をしたい。で、聞かれたい。

西堀　不倫になっちゃうじゃん（笑）。あーでも、芸能人って本当にすごいですよね、影響力が。テレビとかで一緒になると、同じ仕事でもこんなにパワーが違うのかって思わない？

滝沢　うん。意味が分からないくらい。

西堀　俺らは底辺も底辺。有吉さんと比べても、芸能人って幅があるんだなと思いますね。こうやって、ちょっと忙しくなってお金をもらい始めると、この幅が分かってくるというか。嫌らしい話だけど、稼ぐ人ってすごい稼ぐじゃないですか。野球選手で年俸3000万円って聞いても、上には上がいるから、一瞬大したことないように思っちゃう。だけど、この1年で「3000万円ってすげえな」って、しみじみ思ったんだよね。我々はサラリーマンじゃないから、自分で税金とか払うようになったら、お金のことはいろいろと。「保険料って高いな」とかね。

調子に乗った悩み

滝沢 腹立つだろ。

西堀 保険料腹立つな（笑）。税金って高いよな。

滝沢 テレビ見てると「何に税金使ってくれてんだよ」とか思うだろ？ 噂には聞いてたけど。税金こんなに取るのか、「いい加減にしろ」って、政治に興味が出てきた（笑）。

西堀 マジでお笑いなんて、金にならないなと思いました。だけど、これも調子に乗った悩みなんですよ。少し前まで「税金で道路をきれいにしてくれてありがとう」って言ってたんだから。でもどんなふうになっても、ブーブー言うんだろうね。日給1万円が2万円になっても、やっぱり文句が出てくるでしょ。たぶん、永遠に続くんでしょうね。

滝沢 そうだろうな。どんなにもらってる人でも、満足することがない。

西堀 そう考えたら、寂しい面もありますね。なんか達観しちゃいますね。

エラそうに文句を言うところからは逃れたい

滝沢 でも僕はどうなっていっても、コンサルみたいなところからは逃れたいと思ってるんだよ。今ってXとか見てても、〝1億総コンサル時代〟じゃないですか。「こうしたほうがいい」「こうすべきだ」とか、みんなプロみたいに言ったりして。野球でもさ、プロが考えた戦略でやっているのに、「俺だったらこうする！」みたいな感じで、めちゃめちゃ怒ったりしてる。当事者だったらそんなに文句言わないでしょ。そういうところからは逃れたいと思ってる。

西堀 でも野球はさ、〝それ込み〟で見てるわけでしょ、みんな。「何やってんだ」って言いながら見るもんじゃん。

滝沢 まあね。だけど、西堀は知らないかもしれないけど、「あんなにキレるかね」って思う時あるんだよ。

西堀 言いたいんじゃない？ ただ振り返ると、お笑いはそんな客だらけだったな（笑）。

滝沢 そうなんだよ。

西堀 言いやすいんだろうな。みんな経験として、日常で友達を笑わせたことくらいあるし。一見、漫才って簡単そうだもんね。野球選手とか、歌手には「なれない」って、明確に分かるじゃないですか。でもお笑いだったら、できそうな感じがしません？ だから舐められる。滝沢が言う〝コンサル〟みたいなの、昔からあったから。

滝沢 『爆笑オンエアバトル』とかな。

西堀 ジャッジペーパーっていうのがあって。

滝沢 「つかみが遅い」って、17歳の女子高生に書かれたりするんだよ。「てめえに何が分かるんだ！やってみろこのヤロー」っていう（笑）。

西堀 人間ね、人に点数を付けると途端にエラそうになりますよ。

――一緒にいる時間が長くなって、お互いの印象もまた変わったのでは？

西堀 単純に仕事があって、共通の目的があるから、関係性はいいですよ。ロケとか行っても、ウケたほうがいいじゃないですか。多少の考えの違いはあるけど、何でも盛り上がったほうがいいに決まってるから、同じ方向を向いてはいますよね。一緒に走っている感じはしました。目的のゴールがあるから。滝沢は…楽しそうだったよ（笑）。いや、楽しかったし、結構ね、今まで分からなかったけど、意外と芸能人っぽいなと思いましたね。芸能人みたいなこと、割と好きなんだってことを知らなかったの、俺は。「女性にキャーキャー言われたい」っていうのも、いい意味で、芸能人寄りなんだよ。そんな気付きはあったかな。だから、芸人ならではの悩みはあまりないでしょ？

滝沢　そうね。言い方が難しいんだけど、たぶん芸人の場合は、「女の子に嫌われても面白いほうがいい」みたいな発想をするはずだもんね。僕は「カッコいい」と言われたほうがうれしい（笑）。

芸能生活、楽しんだよ

西堀　あと、全部に当てはまるわけじゃないんだけど、芸能人って照れがないんですよ。これが仕事だと思ってるから。例えば、女優さんがＣＭでガッと決め顔をやるじゃないですか。ああいう要素を、滝沢はちゃんと持っている。なんか俺は、そうやらないといけないのに、「芸人としてどうなのかな」っていうのが頭をよぎったりして、斜に構えちゃうところがある。だから、自分のことは芸能人っぽくないなって思ってます。滝沢は、『ａｎａｎ』のグラビアも堂々とやっていて、芸能人っぽいなって思いました。この言い方合ってるのかな（笑）。

滝沢　グラビアとかは楽しいですよ。まあでも、言われたことを全力でやるっていうことなんで。「キャー」って言ってくれる人がいるんだったら、もっと長所を伸ばしたいとか、喜んでもらいたいじゃないですか。お笑いの世界で稼げるのが60歳までと考えたら、もう残り12年ぐらいでしょ。一生懸命やろうかなと思いますけどね。そんな感じかな。昨年の『ＴＨＥ ＳＥＣＯＮＤ』の後に、Ｔｗｉｔｔｅｒ（現Ｘ）で僕の「#自撮りおじさん」がトレンド入りして、そこから〝イケおじ〟とか言われるようになったんだけど、今ではもうすっかりそんなこともなくなって（笑）。勝手に言い出して、勝手に冷めやがって、「あいつらめ！」と思うけど、まあでも、そんなのは短い期間のことだって、こっちも最初から承知の上なんで。

西堀　楽しかったよな。

滝沢　楽しかった。芸能生活、楽しんだよ。ははは！　西堀は、そうね。〝グッズ屋〟としての才能が開花したっていうことがありますね。これね、僕は本当に褒めてるというか、すごいと思うんです。発明もやっているし、もともと物を作るのが得意で、向いているんだと思う。そういう楽しみながらできることは、どんどんやったほうがいいなと思っています。もうなんか、楽しくないことだったり、好きじゃないことをやるのは嫌になってきて、僕は。オファーがあったら、向こうの要望に合わせてもちろん全力でやるけど、できるものとできないものがあるからね。無理やり合わせてまで出て…っていうのは、もういいかなって。

うまくいけば、何をやっても楽しい

――言いにくいかもしれないですが、気が進まない仕事もあった?

滝沢　それはありますけどね。「これ、俺らが出なきゃいけないのかな?」っていうのは。

西堀　でもきっと、うまくいけば楽しいんですよ、何をやっても。自分が活躍できたらうれしいじゃないですか。

滝沢　そうね。いまだに何がハマるか、ハマらないかは全く分からないんだけど。

西堀　現場でフィットしないな…ってなると、楽しくなくなる。

滝沢　お笑いじゃなくて、感動がメインだったりすると、「これ、俺らが出なきゃいけないかな？」と思ったりはやっぱりあるかな。別にやりたいことじゃないっていうね。

西堀 マネジャーの田中は、たぶん「うるさいな」と思ってますよ。こっちはおじさんだから、「それ嫌だな」とか「無理だよ、向いてないよ」って遠慮なく言うし。「何でもいいからやれや！」って言いたいんじゃないかなって（笑）。

滝沢 「じゃあそれはいくらだ！」って言うしね。「この間のあれ、この値段だったけど」ってね。僕は金っていうしっかりとした基軸があるもんで。

西堀 俺は仕事で嫌なのは、みんなと一緒です。遠いとか、高い、暑い、寒い。嫌ですよ、そりゃ。朝早いのは我慢するけど。芸人にとって、各地に出向いて漫才をする「営業」って、大切な仕事なんですよ。朝7時の飛行機とか、めっちゃ早かったりするんだけど、お金になるからみんな文句なんか言わない。やりたくない仕事というか、極論ですけど、お金が欲しいのと、なるべく働きたくないっていう気持ちが天秤に掛かってます。もっと仕事が増えて、忙しくなるのが普通だったら望ましいことなんだけど、「今ぐらいでいい？」って聞かれたら、「いいです」って言っちゃうかもしれない。タイムマシーン3号は、見ていて「忙しすぎだな」って思います。

滝沢　あー確かにそうだ。売れっ子だもんね。

西堀　内情は分からないけど、働きすぎだよ（笑）。ＹｏｕＴｕｂｅは休みの日に撮ったりしてるし。でも当然、お金も比例してきますから、タイムマシーン3号みたいになりたい人のほうが多いよね。

もっと下があるから大丈夫

――厳しい時期を乗り越えて再び脚光を浴びた2人から、仕事の壁にぶち当たっている同世代のビジネスパーソンにエールを送るとしたら？

西堀　もっと下がありますから、大丈夫です。上を見たらキリがない。面白くはないけど仕事があるって、いいことなんですよ。目標とか理想を掲げたら、危ないです。自分をそこと比べちゃうでしょ。でもまあ、大体仕事なんかつまらないんだから（笑）。

滝沢　そりゃそうだよ。社長が従業員に金払って、「これやってね」って仕事を任せているわけだからね。面白くないのが普通。

西堀　ＴｉｋＴｏｋとかで、社長が「成功するための3つのアドバイス」とかやってるじゃないですか。「厚かましいな」って思っちゃうんだけど、俺みたいにああいうメンタリティーが信じられない人は、部下やってるほうがいいんですよ。

滝沢 下を見たらいいんじゃない？ 芸人なんか、まず下に見られるような職業なんで、マシンガンズを見下してくれてもいいですし（笑）。俺らはショートネタブームの片隅にいたピンポイントの時期以外には、ほとんど収入がなかったわけですからね。それに比べたら、ちゃんと毎年何百万円とか入ってきてるわけでしょ。

西堀 芸人やってみるのもオススメします。お金にはなんないけど、楽しいですよ。みんな悩みがあったりするもんだけど、そういうことも笑いにできるし。「貧乏で実家がボロボロだった」みたいなエピソードを、ネタにして笑いにできるのって、芸人だけですから。

滝沢 30代後半くらいになると、もう出世の道は諦めたとか、成功に向けて夢が持てないとか、先が見えてきますよね。でも、こっちがニコニコして、流れに身を任せて漂ってたら、仕事以外の楽しい出会いも結構あるような気がしますよ。結局のところ、仕事を「やらなきゃいけない」が1番面白くないんです。意欲がなかったら、嫌になる。僕なんかは書くことが好きだから、小説を書いたりするのはいい時間なんですよね。グッズを作るのも楽しいし。仕事のほかに、好きなことをやる。

西堀 それいいんじゃない？ 仕事のことばかり考えるんじゃなくて、ストレスを「散らす」。それぞれみなさん抱えているものがあって、仕事を辞めるわけにはいかなかったりするから、「環境を変えろ」なんて簡単に言えないしね。

SNSを見て落ち込む暇があったら早く寝ろ

滝沢 俺らは『THE SECOND』という救世主がやってきて、ラッキーだったんだけど。

西堀 そう。ただ、今改めて思っているのが、「晩酌を楽しみにする」っていうだけでもいいような気がするんだけど。毎日仕事して家帰って、晩酌やる以上の幸せって「ありますかね？」って。みんなもっと何かあるのかな。

滝沢 いや、僕も思った。ゴミ清掃員だけをずっとやってた時期があるでしょ。何も考えないでゴミ回収して、帰ってきてビール飲んでいる時に、「この生活も悪くないな」ってちょっと思ってた。

西堀 それが1番いいんだって言う人がいるの。何がストレスかって、「次の日に問題を持ち込むのがストレスなんです」って言う人がいて。

滝沢 何か考え事があってとかね。

西堀 清掃員とか土木作業員って、その日に完結してるんですよ。仕事が終わった時点で、あとは風呂入ってビール飲むだけ。これって最高なんだよ。

滝沢 日払いだから分かりやすく金も入ってくるし、確実に1歩進んでいるんだよね。この1日にちゃんと意味があったなっていう。

西堀 あとは、精神面の健康も保たれる。体動かすし、日光も浴びてるし、マジで鬱になりにくいよ。

滝沢 太陽浴びて、体動かして、飯を食う。これ以上のことはない。夜中まで起きてSNSを見て落ち込んでるから、鬱屈するんだよ。そんなもん放り投げたほうがいい。

西堀 21時には寝ろってね。

滝沢 朝早く起きて労働して、とっとと寝る。それ以上のことないよ。以前、弁当食べているときに、「こんなものばっかり食って何やってるんだろう」って落ち込んだことがあったんだけど、有吉さんから「昔はヒエとかアワだったんだぞ、贅沢《ぜいたく》言うんじゃねえ!」って言われたんだよ。

西堀　ははは！　ふかした芋とかな。

滝沢　そのとき「ああ、そうだ。白い飯食ってるわ」って思って。やっぱり、ありがたいと思えるかどうかで、幸せが変わってくるんじゃないですか。

上を向くからつらくなる、目線を下げれば楽になる

西堀　いいですね。自分の目線を〝下げる〟。上を向くからつらいんだよ。ちょっとこう、下に向けて。俺もいろんなものから目をそらしてやってきましたから。自分と比べるものさしになる同級生とか、全部見ていないふりをして。でもなんとか生きてきましたから。ハイブランドを見たら、「自分には関係ない」って落ち込む人もいると思うけど、もっとつらい人もいますからね。大体みんなつらいんですよ。

滝沢　振り返ってみると、ゴミ清掃員の仕事しかしていなかった時も、子どもと遊んだことを思い出して「あの時よかったな、楽しかったな」って思うんですよね。それがたぶん幸せってことなんだろうなって。幸せとか理想を求めに行くと、なかなか難しくなる。そんなに大した

人間なんかいないんだから。

西堀 成功を目指すんじゃなくて、もうちょっと下を向いて歩くというかね。下を向くと、パワーをもらえるというか、鼓舞されるというか。比べる時には上を見ない。

滝沢 お笑いライブではずっとそうやってきたな。自分より面白い人たちばかりだったら、僕、たぶん辞めてたと思う。だけど、舞台袖からスベったヤツを見つけて、「あいつよりは面白いはずだ」って。そこで気持ちを保って舞台に立ってたわけだから、芸人を続けるに当たって重要なポイントだったかもしれない。

西堀 スベっても、「1番スベリではないな、2番スベリだな」って（笑）。

滝沢 そうそう、「あいつがいる限りは大丈夫」っていう。これはやっぱり大事ですよ。「より下を見ろ」。

西堀 さっき晩酌って言ったけど、これは誰とも比べなくていい、最高の娯楽なんですよ。隣の人が寿司食ってたら、自分の卵焼きが惨めに見えるかもしれないけど、自分の家なんだから。酒飲んで寝るって、こんな素敵な娯楽はないよ。

滝沢 本当にそう。悩みが多いとしたら、時間が余りすぎてるのかな。「仕事がつまらない」

とか、贅沢《ぜいたく》な悩みなのかもしれない。

西堀　大きなストレスの前では、小さなストレスなんか入ってこないんですよ。外気温38度あるのに、生き方について考える人なんていないでしょ。土木作業では「日陰！」しか考えてない。で、10時になったら一服でコーラ買ったりして。土木の人ってカラッとしているから、おしゃべりも楽しいし。

滝沢　ゴミ清掃だったら、やっぱり行政の悪口ね。「こんな仕事やらせやがって」って。

西堀　我々もね、元請けの悪口。「頭固いんだ、あいつら」「通行止めしないでどうやってやるんだよな?」って。

滝沢　悪口言って盛り上がるのもストレス発散になるんだよ。

西堀　でもそれで言うと、貧乏なのに芸人を続けられたのは、「芸人で売れない」っていう大きいストレスがあったからかもしれないですね。「芸人として大成したい」が強すぎて、貧乏が二の次になるというか。優先順位がはっきりしてるから、芸人をやっている限り、貧乏はしょうがないと思ってたもん。

滝沢　そうじゃなかったら、あんな貧乏やってられないよ。

西堀 貧乏が2番目になるんですよ。普通に暮らしていたら、絶対に1番の問題じゃないですか。役者さん、バンドマン、芸人は、貧乏が「次」になるんです。だから、みんなのうのうとやってる。これをよく言うと「夢」って呼びます（笑）。

滝沢 今の夢は、旅行に行きたい。若い頃は別にそうでもなかったけど、年取ってきたらすごく行きたくなってきた。

西堀 俺たちの周りの貧乏芸人の共通の夢って、旅行なんだよね。あとは、草とか花。紫陽花を写真に撮る日が来るなんて。モミジ狩りとか、行けたらいいね。

スペシャル対談

マシンガンズ
×
ガクテンソク

第２回『THE SECOND』で優勝を果たしたガクテンソク。
第１回は予選でマシンガンズに敗れ、１年後にリベンジを果たした。
因縁の２組がお互いのスタイルに感じることとは？

左より滝沢、西堀（マシンガンズ）、よじょう、奥田修二（ガクテンソク）

2023年に開催された第1回『THE SECOND～漫才トーナメント～』の予選「ノックアウトステージ」で、マシンガンズが対戦したのが、ガクテンソクだった。この年は、マシンガンズが準優勝という結果。そして、24年開催の第2回大会で再び対決することになり、今度はガクテンソクが勝利。「グランプリファイナル」へと駒を進めて、王者となった。『THE SECOND』で運命を変えた2組が、改めて大会を振り返る。

——23年、24年と『THE SECOND』で対戦してきました。

滝沢　本当だったら僕らが優勝して、この本を出す予定だったんですけど。

奥田　見事に阻止できてうれしいです（笑）。

西堀　その夢を砕いた人が来た（笑）。でも、優勝したからね。すぐに負けてたら、ちょっと複雑だったけど。

奥田　昨年は逆を思ってましたからね。準優勝までバーっと行きはったから、溜飲が下がったというか。負けたけど、まあ良かったなと。

西堀　見事にやり返したね。こんなきれいな逆転ないでしょう。

滝沢　西堀が「それは勝てないよな、優勝してるんだから」って言ってた。

西堀　我々は優勝したコンビにしか負けてないんですよ（23年優勝のギャロップと、ガクテンソク）。

奥田　ほんまや。

西堀　実質3位だよ。

全員　ははは！

こんなに大きな大会とは

――23年に『THE SECOND』が始まって、どんな気持ちで大会に参加しましたか？

奥田 どういう大会になるのか、やっぱ分からんかったですよ。松本（人志）さんがアンバサダーだとか、優勝賞金1000万円だとか、後からどんどん足されていって。

滝沢 確かに、だんだん緊張感が増したよね。

よじょう 「こんなでっかい大会なんや」、みたいな。

西堀 もっとこぢんまりとした大会だと思ってた。

奥田 1発目、「選考会」（「ノックアウトステージ」に進出する32組を決定する）があるじゃないですか。夜に選考会を予定していて、その前に漫才が3ステージくらいあったんですよ。最初は、京都の「よしもと祇園花月」っていう劇場で。一応、選考会でやるつもりのネタをやったんですけど、寄席用でもないですし、ウケない。その後、金属バットとラフ次元と一緒にやってるイベントがあって、そこではちょっとウケて。で、いざ選考会に行ったら、お客さんむっちゃ明るくて、野外の明るい営業みたいでした。

滝沢 大阪はそうだったんだ。東京は真逆だったな。平日の昼間で。

西堀 予約キャパに30人ぐらいしか人がいなかったと思う。

ガクテンソク えー。

奥田 僕らの日は、COWCOWさんやシャンプーハットさんが、ものすごく久しぶりに寄席に出てくるみたいな感じだったんで、昔から2組を応援してるお客さんがバーっといて、お祭りみたいな感じやって。僕ら、ちょっと込み入ったネタを用意してたから、舞台袖で「ネタ選び間違えたぞ」って。

よじょう　「どうする?」ってな。

奥田　それで、松竹芸能にパピヨンズさんっていう、ベテランのおばさまのコンビがいらっしゃるんですよ。選考会で、パピヨンズさんが歌ってたんです。もう、ネタじゃなくて。ネタ時間が6分じゃないですか。4分ぐらいから歌い出して、6分超えたのにまだ歌ってる。当時は今みたいに、強制終了とか減点みたいな明確なルールがなくて、6分30秒超えたらゆっくり暗転していくっていう、謎のタイムアップルールやって。

西堀　見えないように。あはは!

奥田　ゆーっくり見えなくなりながら、まだ歌ってるんですよ。3分歌って暗転し切った瞬間に、大爆笑が起こったんです。

西堀　ちょっと寄席っぽかったんだね。

奥田　そうなんです。だから間違えたと思って。でも、僕らもたまたまネタ中に、ラッキーなアクシデントっぽいことが起こって、そこがめっちゃウケたんですよ。それでなんとか32組に残らせてもらえたっていうイメージやって。

よじょう　ネタのフィット感は、間違ってたと思います、たぶん。

よじょうの〝楽屋入り早すぎ〟事件

――23年は「開幕戦ノックアウトステージ32→16」で対戦しました。

滝沢　めっちゃ張り切ってたんだよな、よじょうがな。
よじょう　ありましたね（笑）。
滝沢　会場のフジテレビに何時に入ったんだっけ？
よじょう　えーとね、確か…。
奥田　20時に出番で、昼の12時に入ってたんですよ。
滝沢　わはは！ 意味が分からない（笑）。
よじょう　ホテルのチェックアウトの時間があって、一応粘ったんですよ、それでも。1時間くらいはマンガ喫茶に行ってたんだけど、あまりにも長いから、もう行ってしまおうと思って。そうしたら、「もう来たんですか？」って。
滝沢　そりゃそうだよ（笑）。
西堀　迷惑な話だよ（笑）。

奥田　前日に、明日は20時入りやから、チェックアウトした後は「時間潰さないとあかんな」とか話していた時に、「逆に行ったろかな」って言ってて。「いやー、尖ったボケすんな」と思ってたけど、『THE SECOND』の公式X見たら、「20時から出番のガクテンソクのよじょうさん、まさかの昼12時に楽屋入りされました」って。「コワッ！」ですよ。あれ、ボケちゃうかったんやと思って。
滝沢　はは！ 怖いところあるなぁ。
奥田　ちゃんと怒りましたからね。「テレビ局ってね、たぶん他にもいっぱい番組やってるのよ」って。忙しいスタッフさんに、よじょうの居場所作りっていう、もう1個どうでもええ仕事を。それで、僕もちょっと早めに18時頃に行ったんです。そのXの画像を頼りに、4

番の楽屋だなと思ってとりあえずそこ行ったら、「早見優様」って書いてあって、どういうこと？って。

滝沢　コンコンするわけにもいかないしな。

奥田　それで焦って連絡したら、「今、女子更衣室におる」って。「はぁ？」ですよ。結果、たらい回しにされてたんです。

よじょう　4番のところは、早見優さんが入られるまで僕が使わせてもらって、次にまた別の部屋に行って、最終的に「満室になりました」と。「空いているところが女子更衣室しかないです」となって、三面鏡の前にずっと座ってました。

滝沢　男子更衣室でもなくてね。

奥田　嘘やろと思いつつも行ったら、おったんです。よじょうがスマホ片手に「ここになったわ、最終的に」って。ほんで、僕らの前に2ブロックくらい、もう対戦やってたんで、「どんな空気なん？」って聞いたら、「見てないわ」って言うんです。『THE SECOND』見る以外やることないのに、「何してたん？」って。

よじょう　6時間くらい、ヤフーニュース見てました。

西堀　いつ「移動しろ」って言われるか分かんないからな（笑）。

――第1回大会の「開幕戦ノックアウトステージ32→16」で、対戦する前のお互いの印象はどうだったんですか？

西堀　ガクテンソクが残ってると知った時は、「それはそうだな」って感じだったよ。もう芸人界では、実力派のできる人たちっていうイメージだったから、我々の『THE SECON

D』は「終わったな」と思った。エラいところと当たってしまったって。『M-1』が15年に復活する前にやっていた『THE MANZAI』（11〜14年）でも、決勝大会に3回（11年、13年、14年）進出してたし、これは勝てない、参ったなって。

滝沢 うん。今回の第2回大会の最後の決勝戦でやったネタを、「32→16」でやってたよね？

奥田 そうです。

滝沢 後半のほうの、歌をお経みたいにやるやつ。大爆笑だった。あれで「勝てないな」って思ったの。見事だなって。

最初の2分半で「負けたな」

奥田 僕らの後、マシンガンズさんが「無理だ無理だ！ 負けだ負けだ！」って言いながら出てきて。

西堀 ははは！

滝沢 思ったことを、そのまま口に出してな。

奥田 「面白すぎるよあんなの！」とか言って、それがめっちゃウケてるんです。マシンガンズさんのウケの量がすごくて、袖で2分半くらいよじょうと見てて、「負けたな」って言いましたもんね。最初の2分半くらいで、僕らの1番ウケたところぐらい、もうウケてたんですよ。

滝沢 今年は、俺らがそんな感じで言ったな。「これ負けたな」って瞬間があった。

西堀 うん。俺も同じ。

奥田 僕らの見てて？

よじょう えー！

西堀 なんか、前半のビッグウエーブで気付かない？ なんか、前半で1回波が来る。

奥田　ここ来てるなっていう流れね。
西堀　ウケたのがさらに大きくなるみたいな。バンバンっていう瞬間があって。
滝沢　その時に「負けたな」って言った。
よじょう　お互いに経験してる（笑）。
奥田　ネタ中に負けるやつ（笑）。
西堀　なんかね、想定を超えてくるウケの時があるんだよ、相手が。このぐらいだったら「まだいい勝負」と思っているところから、ドンって、「はいっ、お疲れ様でした」という瞬間があるんだよ。
奥田　僕らが第1回大会で感じたやつですね、それ。
西堀　我々は今年感じたよ。
奥田　昨年は、マシンガンズさんって漫才をやっているイメージがなくて、大阪の先輩をはじめ、周りはみんな「ガクテンソク、初戦は勝ったやろ」という感じで言われていたんですよ。僕らもまぁ、ちょっと「そうなんかな」みたいな感じでいたんですけど、「おぉ、おぉ、おぉっ！」って。
よじょう　「むちゃくちゃ強いやんけ！」って驚いて。
奥田　ほんまに何でしょうね。自然災害やと思いました。
マシンガンズ　あははは！
奥田　巻き込まれたっていう。用意してたもんが何も通用しなかったら、後はもう、嵐が過ぎ去るのを待つしかないですよ。変に逆らったらケガしそうでしょ。ぶわーって巻き込まれた感覚でしたね。
よじょう　全フレーズがウケてたんじゃないで

すかね。

東と西は意外と遠い

西堀 俺思ったのが、意外と西の人のことってあんまり知らないの。ラフ次元のこととかもあんまり知らなかったし。だから、お互い知らないよね。

奥田 そうですね、最近どうとか分からないですし、遠いですね。僕らは吉本なんで、東京吉本の芸人のことは多少把握できたり、噂で聞いたりはするんですけど、それ以外のことはあまり分からんかったですね。

西堀 昨年はマシンガンズと1回戦じゃないですか。だから、次に対戦することになるランジャタイを睨んでたよね、きっと（※勝ったほうが、同じブロックでインポッシブルに勝利したランジャタイと対戦することになっていた）。

奥田 そうですね。その時は（笑）。「ランジャタイきついよな、人気やし」みたいに思ってました。結果的には僕らが負けて、マシンガンズさんがバーッと上がっていくんですけど。思ったのが、やっぱり大阪には、〝漫才観〟みたいな、確固たる概念がちゃんとあって。

西堀 あるね。あるある。

奥田 そうなった時に、それこそ、マシンガンズさんのアドリブをバンバン入れていくっていうのが、「そりゃウケるけど、あれは汚いわ」みたいなことを言う人もおったんです。だけど、いざ巻き込まれてみたら、「いや、汚くないぞ」って。あれはあれで、簡単にできるもんじゃないから。アドリブで全当てって、無理じゃないですか。それで、僕は気付いたんですよ。マシンガンズさんのあれは、ウケようとしているんじゃなくて、スベりそうになった時の防衛本能でやっている。「やばい！」って、防衛本能が発動してるでしょ（笑）。

滝沢　そうなんだよ。さすがだな。

西堀　プラスの空気の時に、アドリブは出てないんだよね。

よじょう　なるほど、追い込まれた時に。

西堀　ガンガンウケてる時って、何も思わないもんな。スンとした時に、「なんでスンとしてるの？」って言う。

奥田　それはもう、芸人誰しも持ってる防衛本能が、誰よりも敏感なだけで。

西堀　落ちそうな時に、バッとつかんでるのかもしれない。それが、アドリブが出てるように見えるんだよ。

奥田　そうなんですよ。だから全然、汚くないっていう。「いや、あれは全然アリや」って、僕らは思いましたね。

西堀　関西の人ってさ、漫才に対して割と保守的だよね。

奥田　まあ、「ザ」って感じの。

西堀　型に当て込んでやるっていうのが、様式美でもあるじゃない？

奥田　そうですね。ちっちゃい頃から見過ぎてるってのもあると思います。

滝沢　劇場で食っていくってなると、そうだよね。俺らはないから。

よじょう　大阪は師匠も多いですしね。そんなめちゃくちゃな師匠、いないので。

西堀　変な人って、東京のほうが多いよね。ランジャタイとかもそうだし。

滝沢　劇場で食っていくって感覚がないから、

何かで売れようとか、目立たなきゃいけないとかがあるのかもしれない。

奥田 大阪には、漫才の型ってのがやっぱりあると思います。でもマシンガンズさんと対戦して、災害級の衝撃を食らって、だいぶ脳みそが柔らかくなった気はします。そのタイミングで東京に来たんで。

1年でチューニングを合わせた

――「32→16」の対戦が3月末で、ガクテンソクさんはそのすぐ後、23年4月に拠点を大阪から東京に移しました。

滝沢 昨年と今年でなんか変わったの？ 今年は優勝じゃない。

奥田 あー、そうですね。1年間東京で漫才をやってきて、お客さんがやっぱり大阪とちゃうなと思いました。大阪ではそれこそ、お客さんもお笑いに対して心構えがあるというか。分かりやすい笑いのポイントで、ツッコミがあって笑う、という。吉本新喜劇とかと一緒ですよね。トンってボケた、ツッコんだ、それで笑いますよ。「ボケた、ツッコんだ、笑う」なんですけど、東京のお客さんは好きなところで笑うんで。ボケだけで笑ってたら、もう「何言うてんねん」っていうツッコミはいらないじゃないですか。そうなったら、スルーまではせぇへんけど、その笑いがもうちょっと増えそうなワードを足すとかに切り替えたり。僕らもやっぱスベりたくないんで、1年やってたら、自然とそうなっていってて。

西堀 チューニングが合ってきたのかな。

奥田 そうですね。

よじょう　東京だと、全然知らんヤツでも笑ってくれる感じがしますね。

西堀　大阪に行くとシビアかも（笑）。

滝沢　俺らを見て、きょとんとしてることが多いよ。

西堀　ウケてるでも、スベってるでもなくて、びっくりしてる。

よじょう　ははは！

西堀　全っ然ボケないし（笑）。

滝沢　何なんだ、これはっていう。「いつ笑かしてくれるんだ」みたいな。

大阪では見たことがない漫才

奥田　そうなんです。マンシンガンズさんみたいな漫才、見たことがないから（笑）。

よじょう　東京の人は寛容ですよね、みんな。

奥田　どっちにも良さはあるんですけどね。

よじょう　大阪は大阪でいいもんね。

西堀　そうね。違うんだよ。

滝沢　漫才やる前に、うちらの場合は「頭で何言う？」みたいなことを話すんだけど、『THE SECOND』の時のネタ、組み合わせで考えてたんでしょ？

奥田　僕らはそうでしたね。前半の2分と後半の4分で、それぞれAからEぐらいまであって、これを組み合わせるんですよ。

滝沢　すごいよね。

奥田　その日のお客さんの空気とか、前の組のウケ方によって変えるんです。寄席の公演とかでは、毎回そうやってるんで。前半「プロポーズ」で、後半は「引っ越し」ねとか、前半「子どもの遊び」いってから、後半は「結婚式」

ね、とかっていうように。だから、『THE SECOND』の時もその感じでいきました。決めずに。

西堀 そりゃ、優勝するよ。

全員 ははは！

西堀 俺たちはね、「なんか思いついたこと言おうかな」みたいな会話はよくするの。「じゃあ俺もなんか言うわ」って、そのセッティングだけ（笑）。

よじょう マシンガンズさんは「ネタない、ネタない」って、最初ボケで言うてはるんかなと思ったら、マジで直前まで、ちっちゃいメモ見てましたよね。

奥田 5個ぐらいの箇条書きのやつを、滝沢さんが見てるんですよ。ほんまに、何かの暗号解いてるのかなって。

西堀 例えば、1つのネタはある程度形になってるとして、でも、パーツパーツでしか覚えてないわけ。だから、分かんなくなるんだよね。

滝沢 そう。本番前に「あれ、何やってたっけ」って書き起こして。

よじょう あれは思い出してる作業なのか。

奥田 それで、防衛作戦もやりながら、滝沢さんが言うんですよ。「あれもあったよな！」って、そこに書いたやつを。「営業でな！」とか言って。で、西堀さんが発動し出すんです（笑）。

西堀 思い出すの（笑）。あーそうだって。

よじょう コワないんですか？ それ、出る時。だって、ぶっ飛ぶ可能性あるじゃないですか。

滝沢 ぶっ飛ぶ可能性は余裕である。

西堀 でも、ぶっ飛ぶ怖さは、ガクテンソクのほうがあると思うよ。別に俺たちがネタ忘れたって、よくあることみたいな感じじゃない。

よじょう 思い出せんかったら、次の話題もパーンって、また行くんですか？

西堀 どっちかが何か言うよ。どっちかがしゃべるっていう信頼はある。

よじょう なるほど。

西堀 忘れたら別に、まあ、何かしゃべるだろうって。

滝沢 だから、昨年の3本目の決勝戦がそう。本当に何もなかったから。ただつないだだけ。

お客さんが急に冷静になった

奥田 でも、ウケてたもんな。

滝沢 全然評価されなかったけどな（笑）。

奥田 このウケ、優勝すんねやろなと思って、家で見てたんです。それで、ギャロップさんが溜めて溜めてのネタで、1カ所ドーンって来たんですけど、「いや、ウケでいったらマシンガンズさんやな」とか思ってて。でも、結構差ついて、ギャロップさんが優勝やったじゃないですか。何がきっかけやろうと思って、僕、もう1回見直してみたんです。そうしたら、ほんまにネタがないっていうのが、2本目でバレてたんでしょうね。ネタない人に高得点つけるのはどうなんだろう、漫才の大会で…みたいな、たぶん（笑）。

滝沢 急に冷静になった？

奥田 冷静になったんですよ、お客さんが。

西堀 我に返ったというかね。

よじょう 確かに、ネタ前のCMに行く時に、カメラに抜かれてて、ほんまにない顔してましたよね。

全員 ははははは！

西堀 大会だもんね。『THE SECOND』のお客さんが、最後は真っすぐ、ちゃんとした漫才に入れたい気持ちは分かる。言葉が難しいけど、やっぱりそういう人たちを勝たせたいって気持ちになるよね。『THE SECOND』ってさ、風を感じない？ 今、こっちを勝たせようとしてるなとか、なんとなくあるの。

奥田 あと、タイマン形式じゃないですか。『ドラゴンボール』のセルって、他者を吸収して強くなりますけど、『THE SECOND』も戦って負けた相手を吸収していくんですよ。

滝沢 そうかも。

奥田 負けた組を応援してた人たちも含めて、どんどん吸収していくんです。マシンガンズさんは僕らを吸収した後、ランジャタイを吸収して、「グランプリファイナル」で金属バットを吸収して、三四郎を吸収したじゃないですか。その人たちが「じゃあマシンガンズを応援しよう」ってなるんですよね。ギャロップさんは、テンダラーさんを吸収して、囲碁将棋さんを吸収した。それがたぶんめっちゃデカかったと思うんです。

よじょう 囲碁将棋さんはギャロップさんと同点やったっけ？

西堀 そうだね、すごかった。

奥田 最後に吸収したのが、ギャロップさんは三四郎囲碁将棋さんで、マシンガンズさんは三四郎じゃないですか。そこの差ちゃいます（笑）？

全員 ははははは！

滝沢 そんなのもあるのかな。

奥田　優勝候補やった囲碁将棋さんと、お互いワーワー言うのが持ち味の三四郎（笑）。三四郎はすでに売れてて、漫才に限らず人気も抜群ですから、『THE SECOND』のコンセプトを考えても…の部分もありますし。

――今年の第2回大会はどうでしたか？

西堀　みんなある程度実力があるのは当たり前だから、運の部分は感じちゃうね。今回は、最初からガクテンソクが勝ってたと思う。「グランプリファイナル」が始まる時には、もう風がビュービュー吹いてた。

奥田　ほんまですか？

滝沢　うん、感じた。昨年は俺らノーマークだったから良かったんだけど、今回は2回目だから「さて、どう来る？」ってみんな見るでしょ。要は3本披露しなきゃいけないから、そうなると俺らとか、今回準優勝したザ・パンチさんとか、ちょっと芸風的に色が付いてる。それを3本見せるって、なかなか大変なんですよ。ガクテンソクは今回優勝して、卒業できて、本当に良かったよなと思って。

奥田　一発勝負やと思ってました。今年の予選の「32→16」で、マシンガンズさんのも、囲碁将棋さんのも見たんですけど、たぶんお2組とも、昨年がベストプレーすぎるんです。プラス、決勝という高揚感も1個乗っかっているのをお客さんたちもすでに見ている。だから、マシンガンズさんはヤングと戦っているんだけど、昨年のマシンガンズさんとも戦わされてるんですよ。『マリオカート』のタイムアタックみたいになっていて、ベストラップがマシンガンズさんの前を走ってるんです。

西堀 昨年はマグレだから速いわけです（笑）。今年いろいろ考えても、追いつけなかったね。

全員 ははははは！

ネタ3本は相当キツイ

奥田 お客さんも「マシンガンズさんは昨年と比べてどうだろう」って思ってるから、やっぱり2年目はキツイってありますよ。

西堀 でも、優勝したい人には参考になる例になったんじゃないですか。やっぱりキャラクターよりも、中身で勝負する人のほうが3本見られるっていう。キャラクターで3本続くと、なかなか…。

よじょう 2本やったらまだいけるけど。

西堀 ボケをチェンジしたりするコンビもいるじゃない。そういう人たちは3本耐えうるというか、見られますよね。

滝沢 俺らも、3本目の決勝戦でネタがなかったんだけど、それでも何個か球はあって、ジャンプするくだりのやつが残ってたの。そこがすごくウケたんだよね。だから、やっていないパターンで3本目も勝負するっていうのが必要だよね。

奥田 19年の『M-1』で3位やったぺこぱが、もう1本やらないといけなかったら、たぶん苦しかったと思うんですよ。2本までやから、最大風速で終われているんじゃないかって。

西堀 ぺこぱの3本目か。確かにそうかも。心が折れる可能性はあったかもしれない。

奥田 松陰寺（太勇）さんが動けんくなった…みたいな可能性が。

西堀 やっぱり、3本やるって特殊だよ。

滝沢　パンチさんだってちゃんとネタ持ってきてたのに、お客さん、あんなに飽きることないでしょ（笑）。

西堀　ひどいよね、急に目が覚めたみたいに（笑）。

奥田　パンチさんから聞いたんですけど、ネタは5分ぐらいあって、（パンチ）浜崎さんの遊びの部分で1分くらい取るじゃないですか。劇場のアドリブとかで出来上がった遊びの部分があるんですけど、1本目と2本目で出し尽くしたそうなんです。だから、3本目は思い付きで行くと決めていたんですって。だけど、思い付かなかったんですって。

マシンガンズ　ははは！

奥田　だから、しっかり5分で終わってます。

西堀　自分たちに期待してるわー（笑）。

よじょう　僕もネタ聞いてて、「短かっ！」てちょっと思いました。

西堀　思い付かない時、あるんだよね。

滝沢　あるある。

西堀　乗ってたり、調子がいいと思い付くんだけど、「あれ、あれ？」って首ひねりながら進んでいくと、やっぱり思い付かないんだよ。いっそのこと思いっきりスベったほうが、いけたりするんだよね。

1本目のネタを急遽変えて

滝沢　どうなの、あれから見返した？『THE SECOND』。

奥田　見返しました。

滝沢　何がベストプレイだった？

奥田　1本目かな。ほんまに急遽、ネタ変えたんで。

滝沢 国分寺のやつね。

奥田 やる予定じゃなかったんで、ネタ合わせしていなかったんです。見直したら、普段の寄席とかでやってるツッコミを、僕めっちゃ変えてて。絶対に待たへんとこで、待ってたりとかしてて、「あ、頑張ってんな」と思いました。「その場の空気に合わせてやってるやん、あいつ」って、自分で（笑）。3本目は、決勝戦中に「むちゃくちゃかんでるやん」って思ってたんです。でも、ツッコむかツッコまへんか、ギリのばっかりやって。

西堀 触れなくてもいいぐらいのね。

奥田 それが、テレビで見たらギリ聞こえてたんで、「これ、ツッコまんで正解やったな」みたいな。

滝沢 セリフが分かってるから、相棒としてはそういうふうに思うだけでね。客から見たら大丈夫。

西堀 よじょうはさ、「グランプリファイナル」が始まって、どれくらいで「優勝したな」って思ったの？ ウケてたじゃない。「あれ、これ勝ったぞ」っていうのは？

よじょう 僕はでも、金属（バット）に「やばい、負けたかな」と思った。

滝沢 金属とは準決勝で戦って。

よじょう あっこで勝ったんで、ちょっといけるかなっていうのはありました。パンチさんも、もちろん強力やったんですけど、3本目であんなことになったんで。

西堀 ネタで事故でも起こしたみたいになってるけど（笑）。

奥田　点数が出ての「あんなこと」や。ちゃんと漫才されてたよ。

よじょう　でもそうですね、金属の時はハラハラしました。

西堀　今年は2人、ネタを見てても本当に話しているみたいで、いい雰囲気だったよ。ガクテンソクって、前はもうちょっとピリッとしてたよね。

奥田　そうかもしれないです。

よじょう　僕はほんまに緊張せんかったというか。悪いイメージってあるじゃないですか。ネタが飛んだらどうしようとか。1回戦やった時、そんなん一切なくて、普通に出られたんで。だから3本目の時にかんだやつは、パンチさんがちょっと短かったし、「これ、優勝できるんちゃう?」って、過度に思ってもうたのかもしれない。

西堀　金も名誉もチラついて（笑）。人間らしいね。ははは!

よじょう　「これいけるかも」って思って、それで一気に緊張が。

コンビ間が対等でいいバランスに

滝沢　確かに1本目、会話している感じだったもんね。

西堀　そういう会話の良さもあるし、すごくマイルドになった。2人が。

奥田　この間、大阪に帰ったんですよ。大阪の先輩のメッセンジャーの黒田（有）さんとか、笑い飯の哲夫さんとは1年くらい、1公演も一緒になっていなかったんで、その間におそらく僕らの漫才を見ていらっしゃらなかったと思うんです。それで、『THE SECOND』で久しぶりに見てくださった感じやって、「まず奥田がめっちゃ優しいな」って。加えて、なんか知らないけど、1年前よりよじょうが自信満々に見えたみたいなんです。

滝沢 いいね。

奥田 9対1の感じだったのが、お互いの割合を奥田が減らして、よじょうが増してるから、「いい感じやったよ」ってめっちゃ言われました。

西堀 それがベストだもんね。1対1の関係でしゃべってるのが。

奥田 意識はしてなかったです。ほんまに、東京にフィットさせていってたら、そうなってたっていう。

滝沢 出てきて、奥田が「ありがとうございます」って言うのは、あれは昔から?

奥田 言ってた?

よじょう 言ってる、言ってる。昔は言ってない。

奥田 「ありがとうございます」って言ってるな、確かに。前は「お願いします」しか言ってなかった。

滝沢 1回戦で出てきた時に、「ありがとうございます」って言ってて、あれ?って思ったんだよ、俺。

西堀 よじょうは?

滝沢 言ってない。

よじょう 僕は「ありがとうございます」って思ってないってこと(笑)?

西堀 思えよ、オマエ(笑)。

滝沢 何でだろうなって、ちょっと興味出たの、そこで。

奥田　分かんないです。ありがたいからでしょうね（笑）。大阪でやってる時は、最後の「ありがとうございます」を言ってない時期があったんですよ。最初に「お願いします」で下から入ったのに、最後お礼まで言ったら、さすがに「下からすぎる」って思って、謎の尖り方をしてる時がありました（笑）。

滝沢　気持ちが表れるもんだな、そうやって。

奥田　ありがたくなっちゃってます。

西堀　「ありがとうございます」って、口寂しいときにいいんだよな。プラスの言葉だしさ。誰も変なふうに思わないし。場つなぎにもいいんだよね。そういうちょっとした変化も、同業だから分かりますよ。ガクテンソクって、西の若手漫才師を具現化したみたいなイメージだったのね。型にカチッとはまってる、みんなが「うまい」「きれいだ」とかっていう漫才師。

滝沢　そうね。

奥田　「正統派」とか、よう言われましたね。だけど…あんまうれしないんです。特徴がないんだろうなって。

西堀　でも、その完璧だったイメージが少しほぐれて余白が出来たから、どんなふうになっても対抗できるようになったんだろうなって。隙間が出来たから、ちょっと傾いても別に倒れないし。前は、逆にもろかった気もするの。

奥田　遊びがない感じですよね。

滝沢　そのまま大阪にいたら、分かんなかったな。優勝できたのかどうか。

西堀　1年で周波数を合わせた感じがしますよね。もともと持っているものがいいから。

奥田　遊びを作って、耐震構造になったんですよ。
西堀　そうね。ちょっと揺れてもね。
奥田　昨年、マシンガンズさんに吹き飛ばされて（笑）、柱1本しか残っていないところから作り直したんで。防災意識の高いものに変えました。

対戦後の「写真撮ろうよ」に困惑

西堀　課題を見つけて、1年で対策して次の年に優勝しちゃうなんて。対戦した後、話したよね？
奥田　はい。今年も、昨年も。
西堀　そのへんは滝沢もやっていて、対戦相手とあんまり遺恨も残したくないし、友達にもなりたかったし。どっかでガチッとした賞レースになるのを拒んでいたのかもしれないけど。
奥田　そうですね。昨年は、マシンガンズさんに「写真撮ろうな、後で」って言われて。
滝沢　撮ったよね、実際にね。
奥田　僕らもどんな顔していいかよう分からなくて、「なんでや？」って（笑）。
西堀　わはは！　確かに、普通に考えたら「なんでや」だよ。
よじょう　ほんま、初めてのタイプの人。「写真撮ろう」なんて、言われたことなかった。
奥田　〝タイマン〟ってそういうことなんかなって思いました（笑）。
滝沢　「これが東京なのかな」って？
奥田　東京の兄さんとタイマンで戦ったら、こうなるんかな、みたいな（笑）。昨年からあったお祭り感って、やっぱりマシンガンズさんが思うんです。

勝っていく感じが、あの空気になっていったと

西堀　たぶん、我々が吉本じゃないっていうのも良かったんだと思う。先輩にはなるんだけど、カッチリとした上下関係ではないじゃない。だから、お互いにフランクに接することができるんですよ。直属じゃないというか。

奥田　険がないんですよ。「写真撮ろうよ！」っていうのも。「なんでや」とは思ったんですけど、「まあまあ、撮るか」って。

よじょう　「また飲みに行こうよ！」とかも。

西堀　いつだっけ？

奥田　僕らの単独ライブに出ていただいた時ですね。東京と大阪公演があって、『THE SECOND』で負けた直後にマシンガンズさんにはオファーを出させていただいて、大阪公演はなんとなく、大阪やしギャロップさんかな、みたいな感じで。それで決勝を見てたら「おぉ、勝っていくね、ゲストたち」って（笑）。これはチケット売れるぞって。

よじょう　ラッキー！と思いました。

西堀　両方押さえてたんだね。賭けに勝ったんだ。

奥田　そうです。どっちも売り切れて、最高でした。

吉本芸人との貴重な出会いの場

西堀　昨年、ライブで一緒にやったのがガクテンソクと、ギャロップと、囲碁将棋。これまでだったら、全く接点のなかったメンバーだから、貴重な出会いの機会になってるんですよ。

滝沢　昨年、「何か番組持たないの？」みたい

な話もしてるんだよな、確か。その時は、「ほど遠い」って言ってたんだよ。でも、もう近づいてきたよね。

奥田 そうですね。テレビとかラジオとか。〝『THE SECOND』ドリーム〟ですね。

滝沢 実現するんじゃない? その時に、俺らを出すかどうかっていうところで。

西堀 人間性が分かる。

ガクテンソク ははははは!

西堀 まさか吉本で固めないよな?

滝沢 末席に俺らを置いてよ。

西堀 俺たちは声がデカイんだから。

奥田 末席でも真ん中にいるぐらい声は届く(笑)。でもとりあえず、今チャンピオンで出していただいてるこの1周で、僕らに何ができるかっていうところですよね。

西堀 ガクテンソクみたいに、ツッコミ&進行とちゃんとしたボケってさ、王道で真ん中パターンじゃない? 番組やりやすそうだけど。

奥田 マシンガンズさんはどうしてるんですか? どっちかが進行せなあかんってなったら。

滝沢 番組によって違う。ラジオだと西堀がやってるよね。

奥田 えっ、そうなの?

西堀 手カンペを受け取ったほうがやってる(笑)。

奥田 向こうがそう思ったほうに渡してくるとか?

西堀 滝沢のほうが多いかもしれない。でも、ラジオは俺が進行なんだよ。まぁ、どっちでもいいじゃん。

よじょう すごいな。両方できるんですね。

西堀　違うの、どっちでもいいの。大して変わんない（笑）。

滝沢　カンペが遠い場合は西堀にやってもらってるんだよ。俺が見えないから。手カンペの時は俺がやる。視力の問題（笑）。

西堀　「俺見える」って言って。

滝沢　「じゃあ読んでくれ」って。

熟成ワイン〝ガブ飲み〟の感覚

――『THE SECOND』という大会自体に対して、改めてどう感じていますか？

奥田　昨年はテレビで見ていて、めっちゃ面白かったんですよ。すごくお酒もよく進む大会というか。でも、2本目を披露する準決勝くらいですかね。ちょっと怖くなったのが、ネタって一朝一夕であんなふうに出来るものではないじゃないですか。みんな寄席とかでやって、ウケたところに新しい要素を入れてみたりして、同じネタを何年も掛けて仕上げる。言うたら、長年掛けて出来上がった熟成のワインみたいなものなのに、それがガブ飲みされてるように見えてきて。

西堀　いい表現（笑）。

奥田　「おいしいからおかわり」やないねんっていう。この味になるまで結構掛かってるのに。「空っぽなるやん、この人たち」って。

滝沢　そうなのよ。

奥田　そう思って、怖くなりました。途中で。

西堀　それ考えたら、昨年出してないってのが良かったかもね。ストックがちゃんとあったわけだから。

奥田　そうですね。32組のところで終わってしまったっていうのが。昨年やろうと思っていたやつも、まだ2本くらいあったんで。

滝沢 行く時はバンと行かないとたぶんダメなんだね。

奥田 僕ら優勝させていただきましたけど、3本やったじゃないですか。優勝して、舞台数が増えたんですけど、この3本をやったせいで、今ネタがちょっと弱いんです（笑）。その3本が使えないんで。

滝沢 そうなんだよな。

よじょう 今はまだみんな、覚えてるっぽい。

奥田 ギャロップさんも昨年のやつ、1年たってやっと最近やり出したんですよ。だから、単独ライブとかで早急に新ネタを作っていかないと。

滝沢 番組に呼ばれてネタやったら、「見たよ」って顔されるの。どこの番組に行っても。

西堀 「知ってる」って言うんだよ。

よじょう 知ってても笑ってよってね。

奥田 「見られた！」で笑ってくれよって。

西堀 そうなんだよな。ネタ番組はだって、来るじゃない。なかなか同じのも…ってね。

よじょう 発注段階で「『THE SECOND』とは違うネタで」っていうのも来る。

奥田 簡単に言うよなーって思います。

滝沢 6分を3本やってるんだぞって。

奥田 でも、「『THE SESOND』でやったネタを6分フル尺で」が1番きつかった。

全員 あははは！

奥田 一昨日やったやつを、しかも「フル？」って。なんか恥ずかしかったよ。

西堀 『THE SECOND』の当日は、終

わった後にちょっと収録したりするじゃない。それで、打ち上げは行った？

奥田　打ち上げに行って、3時半くらいまで飲んで、次の日が「神保町よしもと漫才劇場」っていうところで、3ステージあったんです。若手が出る劇場なんで、舞台袖のほうを見たら、10年以下の若手がすごい見てる。

西堀　前日チャンピオンになった人なんだから、そりゃそうだよ。

奥田　あとでインスタ見たら、舞台袖以外のモニターでもみんなめっちゃ見てた。そんななかで、ちょっと弱くなったネタ…。恥ずかしいだけ（笑）。

滝沢　「こんなもんか」なんて思われたら癪だしな。

西堀　じゃあ、「チャンピオンになったんだ」ってかみしめたのはいつなの？

よじょう　あんまり…ですね。

奥田　月曜に朝から『めざましテレビ』『ノンストップ！』『ぽかぽか』に出たんですけど、アナウンサーの軽部（真一）さんを見た瞬間ですかね。軽部さんを見た瞬間に「優勝したな」って。

滝沢　ちょっと分かんない（笑）。

奥田　優勝せな絶対会えないと思うんですよ、軽部さんって。『めざましテレビ』か『MUSIC FAIR』だけでしょ。

西堀　オマエ、それだったら三宅（正治）さん（注）だってそうだろ（笑）。

奥田　やっぱり軽部さんですね。

西堀　なんか、聞きたいことが違うんだよ（笑）。そんな話を聞きたいんじゃない。俺は昨

注…24年9月で『めざましテレビ』を退任。取材は6月。

年、打ち上げが終わって、家に帰って、奥さんは寝てたんだけど、缶ビールを開けた瞬間に「いや、今日頑張ったな」ってかみしめたわけ。それを聞きたいんだよ。

奥田 朝、軽部さんを見た瞬間に「俺、頑張ったな」ですよ。

西堀 思わないよな？

よじょう 僕はまあ、「軽部さんだな」くらいです（笑）。

奥田 髪色かっこええ、マクラーレンのF1みたいやなって。黒、白、赤ですよ。髪の毛の色。マクラーレン。

西堀 うるせーよ（笑）。軽部さんを知らないわけじゃないんだよ。まあ、バタバタか。

奥田 そうですね。ようやくちょっとずつ、優勝したんやなって感じにはなってきましたけど。

劇場出番で日常に戻れた

西堀 昨年は滝沢が1回、仕事が一気に入りすぎて「今、何やってるか分かんない」ってなったよね。

滝沢 あった。直後かな。

西堀 そういう軽いパニックみたいなことにはならなかった？

奥田 いや、舞台は普段からやってるんで。テレビの生放送3発も、まだちょっと浮かれてたんで平気でした。

西堀 じゃあ、徹夜とかもまだない感じ？

奥田 ないですね、徹夜系は。マネジャーの采配なのか、朝早くても、夜はそんなに遅くないんですよ。「おじさんは夜は眠いでしょ」っていう（笑）。

西堀　でも深夜のラジオとかあるんじゃない？

奥田　ラジオとかはちょっとずつ入ってきてて。どうなんやろ、まだそこまでのことにはなってないんですよ。朝早くて、21時くらいに終わるとかはありましたけど。その間に8本くらい仕事があって、みたいな。

西堀　8本ってすごいな（笑）。

奥田　取材とかも含めたら。それも、合間に劇場があっての感じやったんで、そこで割と冷静に戻れるんです。劇場に行くと、楽屋で他の人とたわいない話ができるから、日常に戻れるんですよ。

西堀　いい環境だよね。

滝沢　〝キャーキャー〟的なことはないの？

奥田　耳に届くのはないですね。

西堀　でも、奥田のインスタは人気あるんでしょ。

奥田　SNSだから、文字じゃないですか。「お2人ともイケオジ」とか書いてくれるんですけど、それでも劇場に行ったら別に誰もいないですから。肉声は聞こえないですよ。

西堀　吉本って出待ちが禁止なんだっけ。

奥田　コロナ禍でなくなりました。それまではいたりしましたけど、一応劇場的にも推奨はしてないというか。よその土地なんで、「ぜひどうぞ」とはたぶん言いにくい。

滝沢は自ら出待ちを案内

西堀　出番で俺たちが早く終わって、滝沢が出待ちを待ってる時あったよな。

よじょう　あははは！

西堀 出待ちが毎回すごく並ぶから、先に出て待ってるの（笑）。

滝沢 そう。「こっちで1列ね」って。

よじょう 僕らの単独ライブに出ていただいた後もそうでしたね。

奥田 ほんまに、「集合場所ここですよ」って派遣のバイト集めてるみたいな。「マシンガンズ」って書いてあるTシャツ着た人がぽつりぽつりと集まってきて、滝沢さんが「はい、集合！」って（笑）。

滝沢 それで、ゆっくり応援うちわを出してね。

奥田 昨年、デジタル写真集も出してましたよね。

よじょう ええーっ！ そんな仕事もやってるんですね。

滝沢 女性アイドルとかもいるなかで、まあまあ健闘したよ。

西堀 オンラインイベント、歴代1位になったんだから。

滝沢 ガクテンソクも出したら？

奥田 奥田とよじょうだよ…。

よじょう 「#自撮りおじさん」も滝沢さん発ですもんね。

奥田 自撮りおじさんとかで、終わった後も盛り上がってたのが昨年の『THE SECOND』で。それがすごくいいなと思っていたんですけど、弊害というか。タモンズの安部（浩章）ちゃんが自撮りしたやつで、ほんまに1つだけ「香取慎吾さんに似てる」というコメントがあったんですよ。その一言で自分に自信を持ち出してもうて、安部ちゃんが『THE SE

COND』の決勝の日、「俺、顔面調子良かったもんな！」とか言い出したらしくて。

滝沢　ははは！　いいね。

西堀　自己暗示って大事。そういうことからきれいになってくるんだよ（笑）。

奥田　安部ちゃんに全く必要のない部分なんで。大波（康平）がビジュアル担当みたいになるのは分かるけど、安部ちゃんが自信持つのはちゃうやろって。

よじょう　別にええやろ、許したれや。

奥田　カッコつけ出してどうするの？　お腹のところめくられて「やめてよ！」とかって言ってたのにさ。ボケなのに「あっ、お腹とかちょっと、そういうのじゃないから」とか言い出したらどうするの。

滝沢　人格が変わってるよ（笑）。

西堀　『THE SECOND』に出ている人って、基本おじさんじゃない。だから、自撮りがあまり鼻につかないよね。これが、20代だったら腹立つじゃないですか。所詮、カッコつけても全員おじさんだから、嫌な感じがしない。

奥田　いいハッシュタグでしたね、「自撮りおじさん」。ムーブメントを継続させようと頑張ってますよ、おじさんたちが。

太田プロの仲間で集まって応援

――マシンガンズさんは、今回の『THE SECOND』は太田プロの仲間のみなさんと一緒に見ていましたね。

奥田　YouTube見ました。

西堀　タイムマシーン3号の1回戦が、4試合目だったの。負けた瞬間、罵声が飛び交ったよな。「ふざけんじゃねえぞ、4時間あるんだぞこの番組」って（笑）。

滝沢 わざとじゃないんだけどな（笑）。

西堀 まあまあ、相手ももちろん強かったけど。

奥田 そうですね、パンチさんで。

西堀 昨年は俺たちの応援をやってくれてて、だから今年もお返しじゃないけど、「みんなで集まろうよ」みたいになって。タイムが負けた後は、みんな各々推しを見つけて応援してました。俺たちはもちろんガクテンソクだけど。

滝沢 そう。行け行けって。

奥田 僕もファンの方にオススメしていただいて、ＹｏｕＴｕｂｅ見たんですけど、推してたのかな、あれ。最後、優勝が決まった時に、滝沢さんも相当酒が入ってて、「泣け！ おらぁ！」って。

西堀 あ、言ってた（笑）。

奥田 「おい！ 泣け、おら！ 奥田泣け！」って言ってて。

滝沢 「泣かないと仕事来ねえぞこの野郎！」ってな（笑）。覚えてないんだよ、俺。

よじょう ははは！

西堀 みんな飲んじゃってるから（笑）。

奥田 ＣＭが1回入って、たぶん僕がよじょうと肩組んだんですよ。そこで「抱き合え！」とか言ってたんだけど、肩組んだから「まあまあまあ」ってなってた（笑）。

滝沢 こんな映像、出していいのかなとはちょっと思った（笑）。「これＹｏｕＴｕｂｅで公開するの？」って言ったんだけど。

西堀 でも、ガクテンソクが勝ってくれたから、気持ちよく終われたというか。僕らを破った人が優勝してますからね。これ以上はないですよ。

奥田　昨年も思ったけど、負けた人がいろいろと言ってくれる大会ですよね。

よじょう　ほんまに。自分らが負けても応援したくなるというか。

西堀　後輩だけど、戦友って感じもするんですよ。戦ってるから。これまで直接的な関わりがなかったのも、むしろ良かったのかもしれない。いろんな事務所の人がいて。

奥田　たまに番組とかでお会いできると、また楽しいし。

滝沢　そうだね。吉本と他の事務所って、ちょっと垣根みたいなのがあったりするけど、そういうのがなくなればいいなと思っていて。これまでは、スピードワゴンの小沢（一敬）さんがやってくれていたんですよね。あんなことができたらいいなと思って、ファイナリストになった人たちとインスタライブをやったりしていたんだけど。

賞レースで1番厳しい出場資格

――『THE SECOND』は他の賞レースと雰囲気が違いますか?

西堀　まず出てる人は、『M-1』で1度傷ついているっていう共通項がある。16年から上は、何十年まで幅があるけど。

奥田　16年以上、まずやらなあかんっていう1番厳しい出場資格ですからね。売れてないのに、16年以上せえと（笑）。強靱な精神とか、謎の意地とかないと。

よじょう 負け続けて、初めて出場資格がもらえる（笑）。

西堀 並の神経じゃできない（笑）。

奥田 そこで集まったメンバーですから、そら仲良くなりますよ。

西堀 傷ついたことがあるから、優しいのかもしれないな。

奥田 みんな、何かしら心当たりがあるというか。「嫌な手見せもあったでしょう、ボロクソに言われた夜もあったでしょう」と（笑）。わざわざ聞かないけど、たぶんつらい思いをしてきているのが「分かる」って感じなんで。苦労を知ってるから、「良かったね」ってなりますよね。

よじょう もう涙は散々流して枯れ果ててるから、優勝しても泣けなかったけど（笑）。いい大会です。

滝沢 最初は面倒だなと思ったけど、今やね。

奥田 でも、ほんまに産声上げたてですし、ここからどうなるか。今年やったら、ななまがりとかヘンダーソンが『M‐1』の敗者復活戦で悔しい思いをした後、『THE SECOND』に来ているんですよね。例えば、24年はモグライダーさんが『M‐1』ラストイヤーですけど、そういう人たちが来年参戦してくるのか。千鳥さんやかまいたちさんが出ていないように、出ない人は出ないと思うんです。でも、『M‐1』ラストイヤー組が毎年入ってくるとしたら、お客さんの空気も変わってきそうじゃないですか。どう育つか分からないけど、お祭り感がちょっとずつ減る気もしていて。だから、出演してる芸人さんたちで、この楽しい雰囲気を守ってほしい。

来年で大会の色が決まる？

滝沢　来年、どうなるかな。

奥田　同期のDr．ハインリッヒは、昨年は32組に残ってたんですけど、「私たちはネタをためます」って、今年は出なかったんですよ。

滝沢　そういう人もいるんだ。

奥田　作って出して消費するんやったら、1年はちゃんと作って。

西堀　なるほど、そういうことか。

奥田　出続ける以上、優勝するまでは戦い続けることになるので。だから、そういうのもアリですよね。ドキドキするけど。

西堀　休むのも覚悟がいるよな。賞レースを。

滝沢　次の年も「出なきゃ」みたいな感じになってくるところを、すごいな。参加者数は、昨年も今年も130組くらいで、あまり変わらなかったんだよね。

西堀　ギャロップとガクテンソクが勝ち方を示したから、下手したらもっと減るんじゃない？結局、まともなフォームできちんと投げるのが1番だっていう正解が出たから。

奥田　僕ら的には、だいぶ緩めたつもりなんですけどね。アドリブを入れられる箇所をわざと作っていたりとか。

西堀　もしななまがりが勝ってたら、ちょっと難しい大会になったかもね。どうすりゃいいんだって。

奥田　お客さんが審査員じゃないですか。予想というか、僕らが決勝戦に勝ち上がれるとしたら、対戦相手はパンチさんかタイムさんなんだろうなって思ってたんですよ。もし、ななまがりが勝ち上がる大会だったら、たぶん金属バットが残るんだろうなって。

滝沢 なるほどね。その日のお客さんの空気っていう。

奥田 だからネタのチョイスは、タイムさんかパンチさんと当たることを想定して考えてました。だって、無理ですよ。ななまがりが大ウケして大爆発している大会で、僕らがウケてる絵、思い浮かばない。「なんだあのこぢんまりとした漫才師は、小さくまとまりやがって」ってなるだけでしょ。

よじょう ななまがり、めっちゃウケてたけどね。

滝沢 面白かったな。森下(直人)って、どうやったらウケるか、ネタをすごく研究してるんだよね。

奥田 ななまがりって、変わったネタが多いですけど、人間性はちゃんとしてますからね。初瀬(悠太)は「1点(=面白くなかった)」を付けたお客さんがいたことに、ほんまにショックを受けてましたから。

西堀 分からんもんだな。

奥田 昨日、ななまがりと営業で一緒やって、近所にいい神社があるみたいだからお参りに行こうってなったんですけど、誰よりも完璧な作法でしたよ。

よじょう 各劇場に神棚があるんですけど、いつもちゃんと手を合わせてますからね。

奥田 真面目な人間ですよ。ただ、変なことするという大病を患っていて、それが急に発動するだけで(笑)。

こんな人生を予想していなかった

――『THE SECOND』は、芸人としてのキャリアにどんなものをもたらしましたか？

奥田　ハイパーターニングポイントでしょ、そら。

滝沢　そんな予定なかったもんね。『THE SECOND』のある人生を予想してなかったから。もう、お笑いをやることもそんなにないだろうなって思ってたから。ゴミのほうばっかりやってたし。

西堀　前も言ったんだけど、緩やかに辞めていくんだろうなって思ってた。劇場があるわけじゃないし、引退とかじゃなくて、なんとなくフェードアウトしていく、そうなるんだろうなって思ってました。ターニングポイントどころじゃなくて、人生が変わりました。

奥田　マシンガンズさんみたいな人が昨年出ていなかったら、お客さんは『THE SECOND』の見方が分からんかったと思います。こういう人が出てくる大会なんだなと、みなさん思ったはずなんで。ってなったら、最近ちょっと元気がない、自分の推しにも出てほしいなって思う人たちもきっといるでしょうし。僕らはまだ『M-1』から離れて4年しかたっていないから、「出るんだろうな」って思われるけど、シャンプー（ハット）さんとか、COWCOWさんみたいに、もう食えてる人も出るし、マシンガンズさんみたいに、何もないところからいきなり大スターになる人もいるし。昨年の大会の意味は、だいぶ大きかったと思います。

西堀　スピードワゴンさんとかシャンプーハッ

トさんとか、スタンスがカッコいいよね。出なくてもいいんだもん。だけど出て、ガチで対戦して、点数を付けられるところに自ら行くっていう。自分だったら、やるかな?って思っちゃう。でも、ああいう人たちがいることによって、『THE SECOND』って上の人まで出る大会だっていう認知がされたし。

奥田 そうですね。そういう上の人たちが出るから、僕らも出るしかないよなっていう気持ちになって、今回、1個夢と思ってたものをかなえられたんで。

西堀 我々はもう、ずっと出なきゃいけないわけですよ。大会がある限り。1年に1組しか卒業できないから。まだ2組しか卒業生がいない。それで、来年も1組でしょ。

奥田 マシンガンズさん、昨年卒業しても良かったんですけどね(笑)。

滝沢 そうね。

奥田 出んねやって思いましたもん。

西堀 シラーっと卒業すれば良かった(笑)。でも「出るんでしょ」みたいなこと言われたんだよな。

よじょう シード(昨年のファイナリストは選考会が免除)やのに、エキシビジョン扱いで選考会から出てましたよね。1番前のめり(笑)。

滝沢 まあ、『THE SECOND』が盛り上がればいいなっていうことなのでね、我々は。

奥田 ギャロップさんは昨年チャンピオンになって、大阪の劇場のお客さん、めっちゃ増えたんですよ。東京に出てこなくても、大阪芸人でも優勝できるっていうのを示せたわけじゃないですか。次、僕らは東京におる状態で、いろんな全国区のテレビのお仕事も行きやすい状況になってるんで、なんとかいっぱいテレビに出て、そのなかで自分らができるスタンスとかを1年でちゃんと見つけたいです。『THE SECOND』で優勝したら、テレビにもたくさん出られるんだっていう前例を作りたいなって思ってます。

西堀　売れるのが1番いい宣伝になるからね、他の芸人に対して。忙しくなればなるほど。

奥田　来年は3回目じゃないですか。次のチャンピオンで、なんとなく大会の個性がだいぶ出てきそうな気がするんですけどね。例えば、金属バットとかが優勝したとして、テレビの仕事をボカスカ断るとかも、「仕事や生き方を選ぶことさえできるんだ」みたいな。おじさんなんで、言われるがままなだけは、ちょっと寂しいじゃないですか。

滝沢　じゃあ、ザ・ぼんち師匠が優勝したら?

奥田　それは何が〝セカンド〟なの（笑）？

滝沢　ははは！　みんなに問い直せるな。何が〝セカンド〟か考えようって。

西堀　「セカンドライフかな」とか（笑）。

滝沢　中田カウス・ボタン師匠とかも出たりするかな。

よじょう　師匠同士、ライバル心はあったりするみたいだから、出る可能性はあるかも。

西堀　誰が選考会で審査するんだよ（笑）。

マシンガンズの活躍が刺激に

――昨年準優勝したマシンガンズさんは、〝『THE SECOND』ドリーム〟と言える活躍ぶりを見せました。ガクテンソクさんが見ていて、印象に残っていることは？

奥田 まず、めっちゃ刺激になりましたよね。「普通に出てるな」っていう。最初のほうは、『しくじり先生 俺みたいになるな!!』とかに、『THE SECOND』準優勝で大ブレイク中」みたいな感じで出てはったけど、しばらくたったら『THE SECOND』も関係なく、普通にマシンガンズさんとして、コンビでもソロでも呼ばれるようになったじゃないですか。「それそれ!」って思いました。準優勝みたいな肩書なしで、呼ばれたところで結果を残して、それを見てたスタッフさんが、「じゃあ、西堀さんにこれやってもらおうよ」とか「滝沢さんに」とか、「マシンガンズさんに」ってなって、普通にタレントとして呼ばれてたんで、「そうなるべきよな」と思ってました。

西堀 演者の意見ですね、やっぱり。同じ商売の人の意見だね。

奥田 こうなるのが1番いい、それが1番、夢あるよなって。

西堀 今の『THE SECOND』準優勝の肩書、もちろんうれしいんだけど、やっぱりそれがなくなって、個人名になるのが1番いいよね。テレビに出るってことに関しては。

奥田 今のマシンガンズさんだったら「何で出てるの？」って思われてないでしょ、たぶん。視聴者さんに。

西堀 そうね。だから、最初は『THE SECOND』代表で出ることになるんだよね。

奥田 僕らは今、そこにいます。

西堀 それが外れてきたら、やっとパーソナルな部分で見てもらえるというか。

奥田　今、マヂカルラブリーが『M-1』チャンピオンで出てると思ってる人、1人もいないじゃないですか。

西堀　そう、そういうことなんだよね。

奥田　テレビに出てることに何の違和感もない。それがたぶん、ちゃんと成果を出せたっていうことだと思うので、そうなれるように。『THE SECOND』が続いていく礎になれたらと思っています。僕らは芸歴19年で賞レースの王者になれて、チャンスをつかめたけど、まあ、このタイミングで良かったと思うしかないのかな（笑）。

精神的に今がちょうど良かった

よじょう　本音を言ったら、それはいち早く売れたかったけど。みんなそうやと思いますけど。

奥田　漫才を初めてやった次の日に、売れると思ってたんですよ、最初。うまくいかないこともありつつ。でも辞めるほどのきっかけもなくて。大ダメージを負ったわけでもないし。

滝沢　そうそう。分かる。

奥田　で、今が精神的にちょうど良かったんやろうなっていう。10年前とかやったら、たぶん力みすぎて、どえらいことになってたのかも分からないですし。コンプライアンスがちょっと厳しくなってるところで、落ち着いたおじさんやから、ちょうどいいのかもしれないし。いらんのが取れて。『THE SECOND』のオープニングで「今、全盛期。」って出てましたけど、まあ、絶対違うんですけどね（笑）。

西堀　番組的にはあれ、欲しかったフレーズじゃない？ タイムの山本（浩司）が言ったんだよ。太田プロのみんなから「生意気だ」「エラそうに」って言われてたけど（笑）。

奥田 ははは！ 関（太）さんだったら違ったかな。

西堀 まあしょうがない。ハイパーターニングポイントが今来たんだから。

よじょう あるだけ良かったですよね。何にもないより。

西堀 後ろ向きだな（笑）。確かに。あるだけよかったよ。

よじょう ラッキーパンチが当たりました。

滝沢 500万円入ってくるんだもんな。

よじょう でも、トレンディ（エンジェル）の斎藤（司）さんがいの一番に走ってきて、「賞金、あんま使わないほうがいいよ」って言われました。来年、ドエライ税金が来るって。

奥田 ちゃんと言われました。所得税じゃなくて、消費税。消費税が忘れた角度で来るって。

西堀 夢のない話（笑）。

おわりに

西堀　いやいや、長い間やってきましたね、辞めずに。滝沢のパートを読んで「こんなことあったな」とか、自分じゃ忘れていることもありましたけど。

滝沢　そうだね。ガクテンソクとの対談も楽しかったし。もし辞めていたら、こういう出会いはなかったんじゃないかと思う。

西堀　分かる。続けていなかったらゼロなんですよ。ただ、続けていてもゼロの可能性だってあったわけで（笑）。だから怖いですよね。何の保証もないから。今こうやっていろいろと仕事ができていますけど、芸人始めて26年、ずっとこうなりたいとは思ってきたんですよ。それで実際そうなってみて、人間の欲深さを知るというか（笑）。壁があって、その向こうに行ければ、幸せが広がっているんだろうなと思っていたけど、壁を登ってみたら、その向こうにまた壁ってあるんですね。ははは！　もっと上もありますしね。

滝沢　そう。僕の今の気持ちは、「やれるところまでやる」です。ゴミ清掃員になって、半分引退しているみたいなイメージのなかで、たまたま『ＴＨＥ ＳＥＣＯＮＤ』で注目されて、ラッキーなだけなんですよ。なので、できる限り1日でも長くお笑いの仕事をやるっていうこと。それにしても、これだけ長くやってくると、メディアもすっかり変わってる。僕らが始めた頃って、『M-1グランプリ』もなかったわけです。『M-1』で勝ちたくてお笑いを始めたわけじゃない。単純に、テレビにたくさん出てスターになりたかったんだけど、途中から『M-1』が出来て、そこで優勝したらバラ色の人生が待っている、みたいな目標になってきて。

西堀　そうなんだよな。

滝沢　夢破れて、『THE MANZAI』とかも出てきて、それすらもなくなって。今度はテレビだけじゃなくて、YouTubeやTikTokみたいなのも出てきて、テレビで当たらなくても成功している人がいるし。だから、「まだあれをやっていないな」みたいに、未知のことに挑戦するワクワクはありますね。場所を変えたら、まだまだいろんなことができるのかなっていう。

西堀　会社で言うと、我々は四半世紀前に入社しているわけですよ。いろんな常識が違ってきていて、新しいデバイスを使えないとか、若手に嫌味を言われるとするじゃないですか。そりゃそうだよと思いますよね。入ったときの条件が違うんだから。

滝沢　昔は、物を知っている人がエラかったかもしれないですが、今は調べりゃ出てくるんだから、必要とされる能力が違う。

西堀　そう。TikTokを見てもさ、今の5秒ってとんでもない情報量なんだよね。我々なんて、「どうも、マシンガンズです」ってヘラヘラしてたらすぐ5秒ですよ。何の情報もなく。

滝沢　僕らが始めた頃って、「このライブに出たら大きいライブに呼ばれる」とか、「ここをクリアしたらテレビにつながる」とか、結構明確だったけど、そういうのは一気になくなって。

西堀　あった。「あのライブのゲストに呼ばれたら」とか、明確な階段が。今って、僕らの世代では当たり前だった「ラ・ママ」（注）の〝1本ネタ〟とか〝準1本ネタ〟って、知らない人がいるでしょ。1本ネタといえば、トップクラスのときめく人たちだったんだけどって。時の流れは怖いよ。でも、マシンガンズの1番の変化は、やりたいことができたこと。今27年目で、結成30周年のタイミングでは、全国ツアーをやりたいと思ってます。響きがカッコいいじゃないですか（笑）。

滝沢　今年の初単独ライブは「最初で最後」のタイトルでやりましたけど、「リターンズ」で。

西堀　単独ライブはチケットが完売してほっとしましたけど、見に来てもらえるって最高だよ

注…1986年からライブハウス「渋谷La.mama」で続いている、渡辺正行主催の若手育成のためのお笑いライブ

ね。今本当にうれしいのは、いろんなところに呼んでもらえること。「あなたが必要だ」って言われるのは、幸せなことですよ。必要とされたくてやってきたから。

滝沢　うん。ずっと居場所を探していたのかもしれない。「いらないよ」って言われるのはツラいから。普通は居場所がないと辞めちゃうんだけど、僕らは無理やり居座ってきたのかな。でも、どこかに必ずあるはずなのよ。

西堀　芸人という特殊なところにいたから、異常性がなんら目立たなかったんだよね。木を隠すなら森の中、みたいな。たぶん、周囲にまともな人しかいなかったら、つぶれていたかもしれない。26年続けてきて、誰にも「辞めたほうがいい」って言われなかったし、僕らも「辞めろ」なんて言ったことがないし。とにかくね、大体は大丈夫。

滝沢　もっと軽く考えて、なんでもいっちょ噛んでおけばいいですよ。僕も「本職はゴミ清掃員、だけどマシンガンズもやっておこう」くらいの気持ちだったんで。

西堀　〝勝ち組〟と言われる強い人の言葉ってやっぱり影響力がありますが、たまにはこういう弱い者からの意見も参考になるんじゃないですか。ビジネス書に疲れたあなたへ、この本が届くといいなと思います。

マシンガンズ

西堀 亮 にしほり・りょう
1974年10月4日生まれ、北海道出身

滝沢秀一 たきざわ・しゅういち
1976年9月14日生まれ、東京都出身

1998年にコンビを結成。10年目を迎える頃に『爆笑レッドカーペット』『エンタの神様』などの出演をきっかけにブレイク。2007年、2008年は2年連続で『M-1グランプリ』準決勝に進出した。2012年、2014年には『THE MANZAI』認定漫才師となる。滝沢は2012年にゴミ収集会社に就職。2018年の『このゴミは収集できません～ゴミ清掃員が見たあり得ない光景～』など関連著書が多数あり、ゴミの専門家として数々のテレビ番組や講演会などで活躍。西堀は2020年に「身近なヒント発明展」で優良賞を獲得。考案した「靴丸洗い洗濯ネット」が2023年に商品化を果たす。2023年5月の『THE SECOND～漫才トーナメント～』で準優勝し、再び脚光を浴びた。太田プロダクション所属。

［写真］中村嘉昭
［装丁・本文制作］浅田大輔（A+Design）
［編集］内藤悦子　山本伸夫

もう諦めた でも辞めない

2024年11月18日発行　第1版第1刷発行

著　者　　マシンガンズ

発行者　　佐藤央明

発　行　　株式会社日経BP

発　売　　株式会社日経BPマーケティング
〒105-8308　東京都港区虎ノ門4-3-12

印刷・製本　TOPPANクロレ

ISBN　978-4-296-20517-2

本書籍に関するお問い合わせ、ご連絡は、下記にて承ります。
https://nkbp.jp/booksQA